MUSÉUM D'HISTOIRE NATURELLE

Chaire de Géologie : M. Stanislas MEUNIER, professeur

GUIDE

DANS

LA COLLECTION DE MÉTÉORITES

AVEC

LE CATALOGUE

DES CHUTES REPRÉSENTÉES AU MUSÉUM

PARIS

IMPRIMERIE NATIONALE

M DCCC XCVIII

GUIDE

DANS

LA COLLECTION DE MÉTÉORITES

AVEC

LE CATALOGUE

DES CHUTES REPRÉSENTÉES AU MUSÉUM

MUSÉUM D'HISTOIRE NATURELLE

Chaire de Géologie : M. Stanislas MEUNIER, professeur

GUIDE

DANS

LA COLLECTION DE MÉTÉORITES

AVEC

LE CATALOGUE

DES CHUTES REPRÉSENTÉES AU MUSÉUM

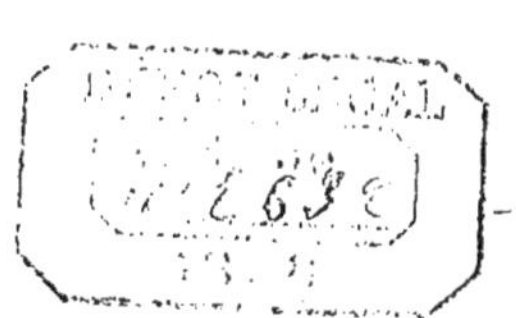

PARIS

IMPRIMERIE NATIONALE

M DCCC XCVIII

AVERTISSEMENT.

Parmi les différents chapitres entre lesquels se répartissent les collections géologiques du Muséum d'histoire naturelle, les séries de roches tombées du ciel constituent un ensemble d'une valeur et d'une portée exceptionnelles. A l'heure actuelle, la réunion des Météorites que nous possédons est l'une des deux ou trois plus riches du monde entier, non seulement par le nombre total des localités représentées, mais par le volume et la beauté de maints échantillons, par la présence aussi de divers spécimens que le Muséum est seul à posséder. Elle est même incomparable par les annexes ajoutées à la série des échantillons naturels et, avant tout, par les produits des synthèses expérimentales destinées à éclairer l'origine des Météorites. Seuls aussi nous avons mis en évidence à côté d'une série de minéraux météoritiques, des types où se manifestent les résultats de véritables phénomènes géologiques et dont le rapprochement avec des spécimens terrestres conduit à reconnaître toute une branche nouvelle de la science, empruntant ses moyens d'information en même temps à la géologie et à l'astronomie physique et qui mérite le nom de *Géologie comparée*.

C'est au Muséum que cette science est née et il n'est pas hors de propos de constater ici qu'après avoir tenté d'abord de lui refuser droit de cité parmi les connaissances humaines, quelques personnes, spécialement en Allemagne, ont voulu en retrouver les fondements dans des travaux déjà anciens, publiés par plusieurs minéralogistes et spécialement par Haidinger. Qu'il nous soit permis de repousser énergiquement cette prétention dont il suffira de dire qu'elle n'était aucunement celle de l'illustre minéralogiste autrichien : c'est ce que témoigne la volumineuse correspondance que nous eûmes l'honneur d'entretenir avec lui jusqu'au moment du siège de Paris, c'est-à-dire jusqu'à une époque qui a de très peu précédé sa mort.

Il est juste cependant de rappeler que Reichenbach a eu une sorte de pressentiment de l'ensemble des faits qui conduisent maintenant à reconnaître les anciennes relations statigraphiques d'un très grand nombre de types météoritiques différents. C'est ainsi que dans un mémoire inséré en 1860 dans le tome CXI des *Annales de Poggendorf*, sous ce titre : *Meteoriten in Meteoriten*, il va jusqu'à dire que, dans certaines Météorites dont il compare la structure à celle de nos conglomérats volcaniques, il y a des fragments de roches relativement anciennes empâtés dans des roches plus récentes. Mais il y a loin de ces faits et de quelques autres, comme la présence dans certaines pierres, de veinules de pyrrhotine, à la série des rapprochements qui constituent maintenant la *Géologie des Météorites.*

Les résultats dont il s'agit conduisent à retrouver dans la série des Météorites tous les éléments essentiels d'un astre construit sur le même plan général que la Terre et permettant une reconstitution planétaire qui n'est pas sans quelque analogie, malgré la distance, avec les res-

taurations paléontologiques dont Cuvier a donné les modèles et qu'on réalise par le rapprochement de débris squelettiques épars.

Jusqu'en 1861, la collection géologique ne possédait que 64 Météorites; mais plusieurs d'entre elles se signalaient soit par leur antiquité (Ensisheim est tombée en 1492), soit par leur poids (Caille pèse 625 kilogrammes), soit par le nom de leurs donateurs dont la liste comprend Cuvier, Humboldt, Fourcroy, Howard, Vauquelin, Biot, etc. De son côté, la collection de minéralogie possédait quelques spécimens qui furent transférés au service de la géologie, sur la demande de M. Daubrée qui venait d'être nommé professeur. C'est à partir de ce moment que la collection subit des accroissements rapides et ininterrompus.

Le premier catalogue imprimé de la collection fut publié en décembre 1863; il comprenait 86 chutes. Une deuxième édition qui date de 1864 porte déjà ce chiffre à 160; en 1868, la troisième édition mentionne 207 localités; la quatrième en 1878, 268; la cinquième en 1882, 306, et enfin la sixième édition en 1889 donne la liste de 367 Météorites distinctes.

Depuis cette dernière date, nos accroissements ont été très rapides et le présent Catalogue concerne des Météorites de 463 chutes distinctes. Beaucoup ont été achetées; mais un certain nombre nous ont été procurées en dons ou par échange par des savants auxquels il nous est agréable d'exprimer nos sentiments de gratitude. Ce sont, en les citant à peu près dans l'ordre chronologique de leurs envois : MM. Cruls (de Rio de Janeiro); Clarke (de Washington); feu Del Castillo (de Mexico); Orville Derby (de Rio de Janeiro); Zujovic (de Belgrade); H. A. Newton (de New Haven); G. Kunz (de New-York); Nordenskjold (de Stockholm);Halil-Edhem-Bey (de Constantinople); Fletcher (de Londres); Melnikoff (de Saint-Pétersbourg); Prendel (d'Odessa); de Mauroy (de Wassy); Mac Pherson (de Madrid); Bément (de Philadelphie); Hinrichs (de Saint-Louis, Mo.), etc. Le *Geological Museum of India* à Calcutta nous a, à diverses reprises, adressé des dons très précieux.

1er mai 1898.

Le Professeur de Géologie du Muséum,

STANISLAS MEUNIER.

GUIDE

DANS

LA COLLECTION DE MÉTÉORITES

AVEC

LE CATALOGUE

DES CHUTES REPRÉSENTÉES AU MUSÉUM.

LES MÉTÉORITES.

Définition. — On donne le nom de MÉTÉORITES à des corps solides, pierreux ou métalliques, d'origine extra-terrestre, dont on observe de temps en temps la chute à la surface du sol.

Phénomènes de la chute. — L'apparition d'un globe de feu, appartenant au groupe de météores que l'on désigne depuis fort longtemps sous le nom de *bolides,* constitue la première phase du phénomène. Dans les conditions favorables, c'est-à-dire pendant de belles nuits, l'éclat des bolides est très intense; la lumière de la Lune dans son plein en est souvent effacée.

Les bolides apparaissent à des hauteurs considérables dans l'atmosphère : celui d'Orgueil (14 mai 1864) était à 90 kilomètres au-dessus du sol. Aussi sont-ils visibles ordinairement sur une très vaste surface du pays. Le bolide d'Orgueil (Tarn-et-Garonne), déjà cité, a été vu des environs de Gisors (Eure), c'est-à-dire de plus de 600 kilomètres de distance.

La trajectoire décrite par les bolides est toujours très peu inclinée à l'horizon, parfois même sensiblement horizontale. Quant à l'orientation de cette trajectoire par rapport aux points cardinaux, elle est des plus variées.

Même diversité dans la vitesse des bolides, avec cette circonstance capitale que si les vitesses des bolides peuvent être fort différentes les unes des autres, elles sont néanmoins toujours en disproportion complète avec les vitesses des corps terrestres même les plus rapides. Ce n'est pas, en effet, aux locomotives lancées à toute vapeur, ni aux hirondelles, ni à l'ouragan, ni même aux boulets de canon qui franchissent jusqu'à 500 mètres par seconde qu'il faut comparer les bolides décrivant leur trajectoire. Ceux-ci, d'après les mesures les plus précises, font de 30 à 40 kilomètres dans le même temps, c'est-à-dire possèdent une vitesse tout à fait comparable à celles qui entraînent les planètes dans leurs orbites.

En progressant à travers l'atmosphère, le globe de feu laisse derrière lui un sillage en forme de queue, doué dans certains cas d'un éclat nébuleux remarquable. Des traînées de ce genre ont présenté le curieux caractère de persister pendant plusieurs minutes et même, si l'on en croit certains récits, pendant plusieurs heures.

Comme on voit, ces phénomènes ont une analogie incontestable avec ceux, beaucoup plus fréquents, des étoiles filantes. Aussi des observateurs, que n'a pas suffisamment préparés une étude spéciale des pierres tombées du ciel, sont-ils disposés à identifier ces deux choses. Nous verrons un peu plus loin que cette assimilation est tout à fait erronée et doit être repoussée.

Après avoir parcouru une trajectoire plus ou moins étendue, le globe fait explosion, et on le voit tout à coup se diviser en plusieurs éclats qui se projettent dans diverses directions.

L'explosion est accompagnée d'un bruit qui n'arrive à l'oreille des spectateurs qu'après un temps appréciable, souvent plusieurs minutes. Il est alors formidable, et si l'on réfléchit qu'il se produit dans des régions de l'atmosphère où l'air, extrêmement raréfié, se prête très mal à la propagation du son, on reste convaincu qu'il doit prodigieusement dépasser en intensité les bruits, même les plus forts, qui viennent habituellement frapper nos oreilles.

Cette intensité rend compte de la vaste étendue de pays sur

laquelle le son est perceptible et qui souvent mesure des centaines de kilomètres.

La détonation n'est simple que fort exceptionnellement. D'ordinaire elle se compose d'un nombre plus ou moins grand d'explosions qui font penser à des décharges successives de batteries d'artillerie et qui peuvent tenir en partie à des échos.

En même temps, ou immédiatement après, on entend un roulement simulant un feu de peloton très fort, très prolongé et qui subit des renforcements et des affaiblissements alternatifs. Ce roulement a souvent été comparé au bruit d'une voiture lourdement chargée.

C'est seulement après ces manifestations lumineuses et sonores que tombent les éclats de Météorites. Leur chute est accompagnée de sifflements semblables à ceux que font entendre des projectiles lancés avec vitesse.

Souvent les Météorites pénètrent dans le sol et parfois profondément, comme il est arrivé par exemple aux masses tombées à Estherville (États-Unis), le 10 mai 1879. Cependant il se trouve aussi que leur vitesse en touchant le sol est extraordinairement petite, si bien qu'elles ont pu tomber, sans la briser, sur la glace qui recouvre une pièce d'eau faiblement gelée.

Les personnes qui veulent prendre les Météorites au moment de leur chute en sont empêchées par la haute température de ces pierres; mais la chaleur paraît tout à fait localisée à la surface, l'intérieur étant au contraire remarquablement froid. On ne peut en citer de plus bel exemple que celui de la pierre de Dhurmsalla (Indes, 14 juillet 1860), dont les fragments, recueillis immédiatement après la chute et tenus dans les mains pendant un instant, étaient tellement froids que les doigts en étaient transis. On peut aussi noter que la composition de la Météorite charbonneuse d'Orgueil ne permet pas d'admettre que l'intérieur de ce corps ait dépassé une température très modérée; cette Météorite contient, en effet, des substances qu'une faible chaleur suffit pour décomposer, et cela même dans le voisinage de la surface.

En comparant le nombre des Météorites fournies par une

même chute, on observe des différences considérables, comme on en peut juger par les exemples suivants qui ont été pris au hasard : on n'a ramassé qu'une seule masse après les chutes de Lucé (1768), Wold Cottage (1795), Salles (1798), Apt (1803), Chassigny (1815), Juvinas (1821), Vouillé (1831), Château-Renard (1841), Braunau (1847), Indarkh (1891), etc. On en a trouvé deux à Agram (1751), trois à Charsonville (1810), à Saint-Mesmin (1866), etc.; une dizaine à Toulouse (1822); douze environ à Siène (1794); un bien plus grand nombre à Barbotan (1790), à Bénarès (1792), à Weston (1807), une centaine à Orgueil (1864); un millier à Knyahinya (1866); trois mille environ à Laigle (1803), peut-être encore plus à Pultusk (1868), à Mocs (1882), à Estherville (1879), à Iowa-Township (1875), à Winnebago (1890), etc.

Quand il arrive, comme dans les derniers cas cités ci-dessus, que les Météorites soient nombreuses, il y a grand intérêt à étudier leur distribution sur le terrain. On en a, entre autres, la preuve par les résultats fournis par les chutes de Laigle, d'Orgueil, de Knyahinya, de Pultusk, de Hessle, d'Estherville, de Mocs, etc. — Dans tous les cas, les pierres sont réparties sur une ellipse allongée, dont l'axe répond à la projection de la trajectoire et dans laquelle elles sont pour ainsi dire triées par ordre de grosseur : les plus volumineuses sont à un bout, les plus petites à l'autre, et les moyennes, entre ces deux situations extrêmes.

La chute des Météorites est un spectacle des plus grandioses et des plus imposants. Divers auteurs parlent de la frayeur causée à des populations entières par l'explosion d'un bolide et la chute des pierres. On est d'ailleurs parfaitement autorisé à n'accorder à ce phénomène qu'une admiration mêlée d'appréhension. Plus d'une fois, il a été cause de terribles accidents : à diverses reprises, des hommes ou des animaux furent tués par des Météorites, et on leur a attribué plusieurs incendies.

Historique. — On conçoit qu'un phénomène aussi extraordinaire que celui de la chute des Météorites ait frappé les hommes dès la plus haute antiquité. C'est ainsi que les historiens chinois, grecs et romains font mention de chutes de pierres et parfois avec une très grande exactitude.

Le phénomène était regardé, conformément à la tendance générale des anciens, comme une manifestation directe des puissances surnaturelles; certaines pierres furent même élevées à la dignité de divinités, témoin celle qui était adorée sous le nom d'*Élagabale* chez les Phéniciens, de *Cybèle* ou *Mère des Dieux* chez les Phrygiens, de *Jupiter Ammon* dans la Libye et qui, 104 ans avant notre ère, eut à Rome son temple et ses prêtres.

Dès l'antiquité, toutefois, de grands esprits se firent des Météorites une idée plus approchante de la réalité. Ainsi, à l'occasion de la grande pierre qui tomba en l'année 407 avant notre ère, près de l'Ægos Potamos, Anaxagore annonça, suivant Pline, qu'elle avait été détachée du corps même du Soleil. Et cette opinion est d'autant plus remarquable qu'elle fut remplacée dans l'ère moderne par des explications plus insoutenables les unes que les autres. Ces croyances superstitieuses ou ces explications erronées, se reproduisant à l'occasion de chaque chute, nuisirent, dans l'esprit des savants du siècle dernier, au phénomène lui-même, qui fut nié officiellement en 1768.

La question paraissait ainsi définitivement résolue par la négative, quand, en 1798, des pierres qui tombèrent à Bénarès, dans l'Inde, firent complètement changer les idées des savants. A peine le récit de cet événement arriva-t-il en Europe, que les physiciens ne firent aucune difficulté d'en admettre la possibilité. Les anciennes pierres tombées du ciel, conservées comme par hasard, furent analysées avec soin par plusieurs chimistes illustres, tels que Howard, Bournon, Vauquelin; et l'on attendit avec impatience que l'occasion d'étudier avec précision toutes les conditions du phénomène fût fournie par une nouvelle chute.

Celle-ci eut lieu le 26 avril 1803, aux environs de Laigle, dans le département de l'Orne. Délégué par l'Académie des sciences, Biot étudia le phénomène dans tous ses détails et publia un rapport qui restera comme un modèle de ce genre. De cette époque date l'admission tout à fait définitive du phénomène dans le domaine de la science.

Caractères généraux des Météorites. — Quand on examine des Météorites *entières*, c'est-à-dire n'ayant point été brisées depuis leur arrivée sur le sol, on reconnaît que leur forme générale présente le caractère constant d'être essentiellement fragmentaire. C'est toujours un polyèdre plus ou moins irrégulier, dont les arêtes et les angles sont plus ou moins émoussés. Il est très évident, à première vue, que cette forme résulte d'une fracture, et par conséquent que les Météorites sont des éclats de corps plus gros. Les surfaces de ces polyèdres ne sont généralement pas planes. Elles portent presque toujours, et souvent en très grand nombre, des dépressions rappelant grossièrement l'empreinte des doigts sur une pâte molle. La dimension de ces capsules varie beaucoup et le fond des plus grandes est souvent parsemé de dépressions plus petites. Elles ne sont les unes et les autres que le résultat d'un émoussement par la friction atmosphérique, de fractures primitivement très anguleuses.

Certaines Météorites *entières* pèsent moins de 1 gramme, et d'autres atteignent plusieurs tonnes. Ces dernières sont extrêmement rares, et il y a lieu de s'étonner qu'il ne soit arrivé jamais que des masses, après tout, si peu volumineuses. Les deux échantillons les plus gros que possède la Collection du Muséum sont de 625 et de 780 kilogrammes. Ils ont été recueillis, l'un à Caille (Alpes-Maritimes), en 1828, l'autre à Charcas (Mexique), en 1866.

Un caractère presque constant[1] des Météorites, c'est l'existence à leur surface d'une couche mince de matière en partie vitreuse, qui enveloppe exactement toute la masse. Cette *croûte*, qui constitue comme un vernis, quelquefois brillant mais le plus

(1) Il faut noter, en effet, que certaines Météorites sont dépourvues de croûte; elles sont alors noires dans toute l'épaisseur de leur masse, et des expériences directes m'ont démontré que les phénomènes calorifiques, qui d'habitude sont localisés à la surface et donnent ainsi naissance à la croûte, les ont intéressées tout entières. La belle Météorite de *Tadjera* est dans ce cas, et l'on peut faire disparaître la croûte d'une Météorite ordinaire en la chauffant quelques instants dans un creuset à la température rouge.

souvent terne, n'est pas d'ordinaire également répartie sur toute la surface des échantillons, et présente des bourrelets et des rides dont la forme a pu, dans certains cas, indiquer la position qu'avait la Météorite en traversant l'air.

Le plus souvent, la croûte est noire. Exceptionnellement, quelques Météorites et spécialement celle de Bishopville (Caroline du Nord) ont une croûte tout à fait blanche.

Variété des roches météoritiques. Leur classification. — Si, au lieu d'examiner des Météorites entières, on étudie des échantillons brisés et montrant ainsi la constitution minéralogique de leurs parties internes, on voit se dessiner des différences considérables.

L'une des plus saillantes est due à la nature essentiellement métallique de certaines Météorites et à la nature lithoïde ou pierreuse de certaines autres. Les premières sont réunies sous le nom de *fers météoriques*. On peut aussi les qualifier de SIDÉRITES.

Les autres, c'est-à-dire les Météorites pierreuses, diffèrent beaucoup entre elles. Dans certaines, on voit un mélange des minéraux lithoïdes avec une proportion considérable de métal, disposé sous la forme d'un véritable réseau retenant la pierre dans ses mailles, comme dans les vacuoles d'une éponge, ou sous la forme de grosses grenailles. On dit alors que la météorite considérée est une LITHOSIDÉRITE.

Fréquemment le fer n'est qu'en grains forts petits; il peut même manquer tout à fait et l'on a affaire aux *pierres météoriques* ou LITHITES.

MÉTÉORITES consistant	en substance métallique ayant les caractères extérieurs de l'acier. .	I. SIDÉRITES ou fers météoriques.
	en une association, sous des formes variées, de fer métallique très abondant et de minéraux pierreux	II. LITHOSIDÉRITES.
	en minéraux pierreux, parmi lesquels peuvent d'ailleurs se présenter des petites grenailles métalliques surtout visibles sur les surfaces polies.	III. LITHITES ou pierres météoriques.

Les Sidérites ne sont pas constituées de fer pur, ainsi qu'on pourrait le supposer. Le métal parfois très compact, susceptible d'un beau poli, qui les constitue, donne à l'analyse des quantités importantes de nickel. De plus, si on passe un acide sur une lame polie de fer météorique, on reconnaît le plus souvent que l'attaque n'est pas uniforme, comme elle le serait sur du fer terrestre. Certaines portions se dissolvent, tandis que d'autres résistent, et il en résulte des dessins dits *figures de Widmannstætten,* du nom de l'observateur qui les a fait connaître, et qui tiennent à l'existence de lamelles juxtaposées d'alliages divers et parfaitement définis de fer et de nickel. Les Sidérites ainsi traitées deviennent, dans beaucoup de cas, de véritables clichés propres à l'impression.

On peut encore faire apparaître ces figures avec des caractères spéciaux, soit en attaquant le métal à l'aide de sels métalliques bien choisis, soit en le soumettant, dans un liquide convenable, à l'action du courant de la pile.

Outre le nickel, le fer donne, à l'analyse, de l'hydrogène, de l'oxyde de carbone, de l'azote, du cobalt, du chrome, de l'étain, du manganèse, du cuivre, de l'antimoine, de l'arsenic, du soufre, du chlore, du carbone.

On y observe aussi des minéraux définis, parmi lesquels il faut citer : un sulfure double de fer et de nickel appelé *Troïlite,* — un sulfure double de fer et de chrome (*Daubréelite*), la *Chromite* (ou fer chromé), — la *Lawrencite* (ou protochlorure de fer), — le *Graphite* (ou carbone à peu près pur).

Les Lithosidérites présentent dans leur partie métallique de grandes analogies avec les Météorites précédentes. Leur partie pierreuse est souvent fort ressemblante à la matière des Lithites et consiste parfois en grains minéraux à composition définie (Péridot, Bronzite, Asmanite, etc.), tantôt en roches complexes (Dunite, Tadjérite, etc.).

Quant aux Lithites, elles comprennent les Météorites de beaucoup les plus nombreuses. Le métal, qui s'y présente souvent en grenailles, a la composition et les propriétés principales de celui qui constitue les Sidérites et, même quand les grenailles sont très peu volumineuses, on y peut développer encore les figures de Widmannstætten. La portion pierreuse, tantôt homogène, tantôt clastique, admet des minéraux fort variés dont les plus fréquents sont le Péridot, l'Enstatite, l'Augite, l'Anorthite, l'Asmanite, etc. On observe fréquemment des granules de Chromite, de Pyrrhotine et d'autres substances.

L'étude approfondie des Météorites a permis d'y distinguer jusqu'à présent 62 types lithologiques parfaitement définis. Un certain nombre de Sidérites n'ont pas présenté de caractères assez précis pour leur classification : elles seront mentionnées plus loin sous la dénomination de *Fers indéterminés*.

Nous donnerons très rapidement la caractéristique des types lithologiques distingués parmi les Météorites.

LISTE

DES TYPES LITHOLOGIQUES

DISTINGUÉS JUSQU'À PRÉSENT PARMI LES MÉTÉORITES ET REPRÉSENTÉS DANS LA COLLECTION DU MUSÉUM[1].

A. — Les *Sidérites* ou Fers météoriques.

1er type. Octibbehite Stan. Meun. — Formée surtout d'un alliage de fer et de nickel, remarquable par la proportion exceptionnellement forte de ce dernier métal. C'est l'*Octibbehine* répondant à la formule $Fe Ni^2$. La roche se polit bien. Densité, 6.85.

2e type. Catarinite Stan. Meun. — Formée surtout d'un alliage $Fe^2 Ni$ dit *Catarinine;* elle contient aussi beaucoup de Troïlite, de la Millérite, de la Schreibersite et du Graphite. Densité, 7.52.

3e type. Braunite Stan. Meun. — Formée surtout de l'alliage $Fe^{16} Ni$ ou *Braunine,* d'un blanc d'étain dans lequel sont disséminés des cristaux quadratiques de Rhabdite (fig. 1); on y voit parfois aussi de la Schreibersite. Densité, 7.71.

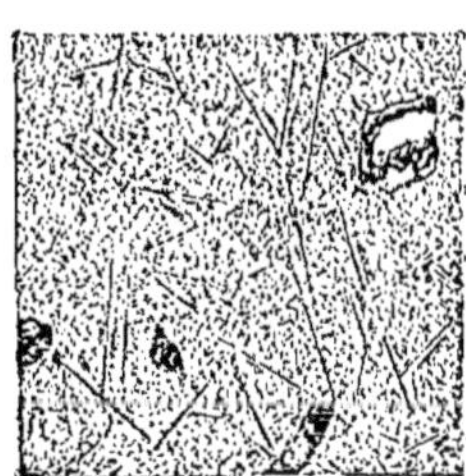

Fig. 1.

Braunite trouvée en 1882 à Maverick, Fort Duncan (Texas)[2], et montrant des prismes de Rhabdite noyés dans une masse générale de Braunine.

[1] Les figures accompagnant les descriptions, et qui ont été dessinées sous nos yeux d'après nature, ont été gracieusement mises à notre disposition par la Société

4e type. Coahuilite Stan. Meun. — Formé surtout d'un alliage (*Coahuiline*) voisin de la Braunine, mais en différant nettement par son grain et par sa solubilité. Densité, 7.81.

5e type. Nelsonite Stan. Meun. — Formée surtout par l'alliage de fer et de nickel dit *Kamacite*. On y aperçoit aussi de très petites lamelles de Tænite et les acides y dessinent une figure très nette (fig. 2). Densité 7.14.

Fig. 2.

Nelsonite recueillie en 1856 à Nelson (Kentucky). On y voit les grosses masses de Kamacite bordées de lamelles de Tænite. La tache noire est la section du rognon pyriteux et graphiteux.

6e type. Bendegite Stan. Meun. — Formée surtout de Kamacite en poutrelles grosses et longues (fig. 3). Densité, 7.68.

Fig. 3.

Bendegite trouvée en 1829 à Bohumilitz (Bohême). On n'y voit guère que de volumineuses poutrelles de Kamacite.

d'histoire naturelle d'Autun à laquelle nous adressons nos plus vifs remerciements ainsi qu'à son savant et célèbre président, M. Bernard Renault, et à son très distingué secrétaire général, M. Victor Berthier. (S. M.) — [2] Toutes les figures de *forme carrée* intercalées dans notre texte sont de *grandeur naturelle*, à moins de mention exprimant une dimension différente; toutes celles de *forme ronde* sont au *grossissement de 80 diamètres*.

7e type. Arvaïte Stan. Meun. — Formée surtout de Kamacite, mais associée à une proportion très notable de Schreibersite; on y a trouvé du Diamant. Densité, 7.81.

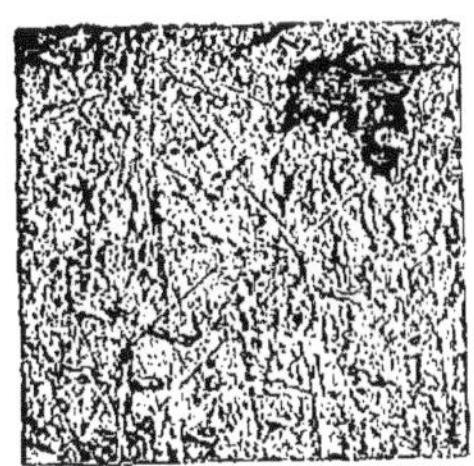

Fig. 4.

Arvaïte trouvée en 1835 à Brazos (Texas). Les grains blancs représentent la Schreibersite qui se détache sur le fond uniforme de Kamacite.

8e type. Tuczonite Stan. Meun. — Formée d'un alliage de fer et de nickel (*Tuczonine*) renfermant plus de 10 p. 100 de ce dernier métal. Densité, 6.52.

9e type. Jewellite Stan. Meun. — Association en quantité équivalente de Tænite et de Plessite (fig. 5). Densité, 7.69.

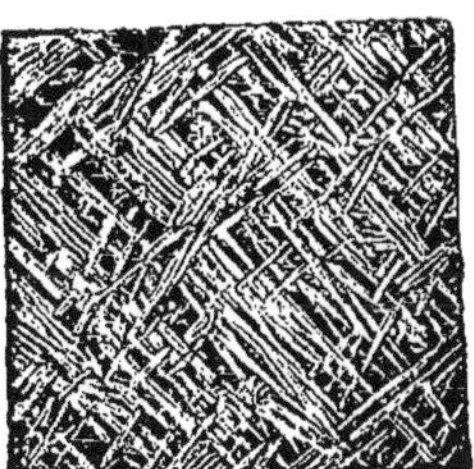

Fig. 5.

Jewellite trouvée en 1854 à Jewell-Hill (Caroline du Nord) et montrant de fines aiguilles de Tænite reliées ensemble par de la Plessite.

10e type. Madocite Stan. Meun. — Plessite prépondérante à texture noduleuse et Tænite en lamelles très fines plus ou moins irrégulières (fig. 6). Densité, 7.7.

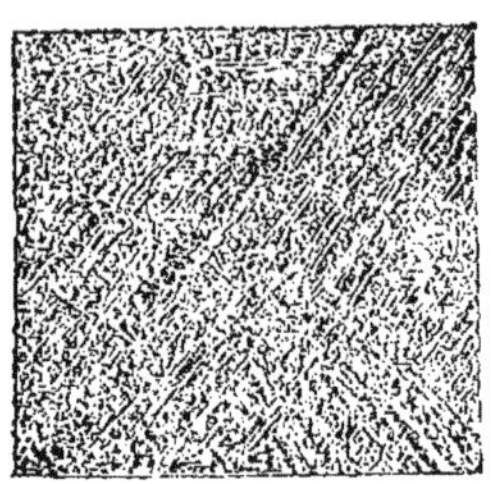

Fig. 6.

Madocite trouvée en 1854 à Madoc (Haut-Canada) et montrant de très fines aiguilles de Tænite reliées ensemble par de la Plessite noduleuse et très prépondérante.

11e type. Jeknite Stan. Meun. — Plessite tout à fait prépondérante avec de fines lamelles de Tænite (fig. 7). Densité, 7.59.

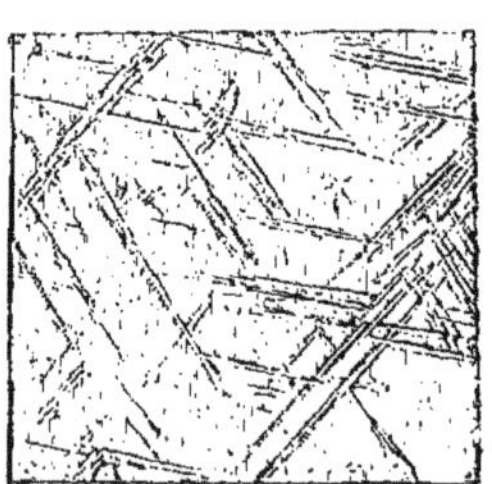

Fig. 7.

Jeknite trouvée en 1874 à Butler (Missouri) et montrant la Plessite en lamelles écartées les unes des autres dans une masse générale de Plessite prépondérante.

12ᵉ type. Dicksonite Stan. Meun. — Composition voisine de celle de la Jewellite, formée surtout de Tænite et de Plessite mais avec prépondérance de ce dernier alliage (fig. 8). Densité, 7.71.

Fig. 8.

Dicksonite tombée le 1ᵉʳ août 1835 à Charlotte, Dickson Cᵒ (Tennessee), et montrant la Tænite en lamelles serrées dans une masse de Plessite prépondérante.

13ᵉ type. Tazewellite Stan. Meun. — Formée avant tout de Tænite renfermant, en outre, de la Plessite, beaucoup de Schreibersite et de rognons de Troïlite (fig. 9). Densité, 7.88.

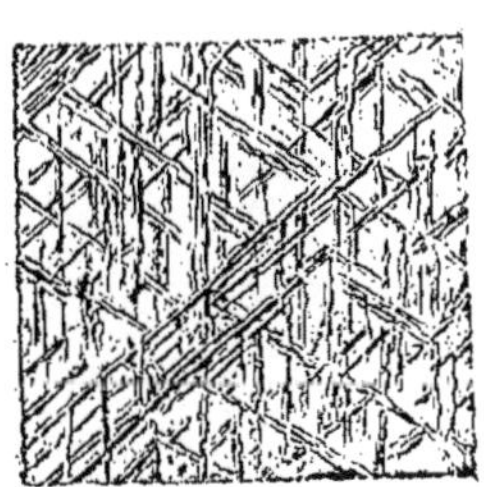

Fig. 9.

Tazewellite trouvée en 1853 à Tazewell (Tennesse) et montrant de petites lamelles de Tænite réunies par une quantité relativement faible de Plessite. Figure grossie quatre fois.

14ᵉ type. Rocite Stan. Meun. — Tænite et Plessite avec une grande quantité de Troïlite (fig. 10). Densité, 7.1.

Fig. 10.

Rocite trouvée en 1888 à la Bella Roca (Durango) et montrant la Tænite et la Plessite associées à une quantité relativement grande de Troïlite.

15ᵉ type. Schwetzite Stan. Meun. — Mélange de Kamacite en poutrelles larges et de Plessite (fig. 11). Densité, 7.69.

Fig. 11.

Schwetzite trouvée en 1857 à Schwetz (Prusse) et montrant de larges poutrelles très régulières de Kamacite, réunies par de la Plessite.

16e type. Lockportite Stan. Meun. — Mélange de Kamacite en poutrelles finement hachées, prédominante, et de Plessite (fig. 12). Densité, 7.65.

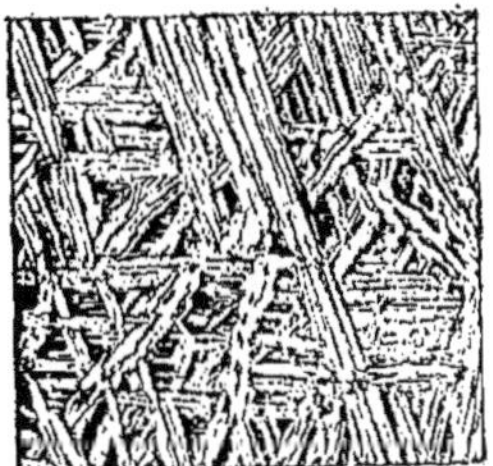

Fig. 12.

Lockportite trouvée en 1818 à Lockport (New-York) et montrant la Kamacite en poutrelles *hachées*, associée à la Plessite.

17e type. Burlingtonite Stan. Meun. — Mélange de Braunine prédominante et de Tænite. On y distingue de la Troïlite et de la Schreibersite (fig. 13). Densité, 7.72.

Fig. 13.

Burlingtonite trouvée en 1844 à Burlington (New-York) et montrant des amas assez irréguliers de Tænite, noyés dans une masse générale prédominante de Braunine.

18e type. CAILLITE Stan. Meun. — Mélange de la Kamacite avec la Tænite et la Plessite (fig. 14). Densité, 7.5.

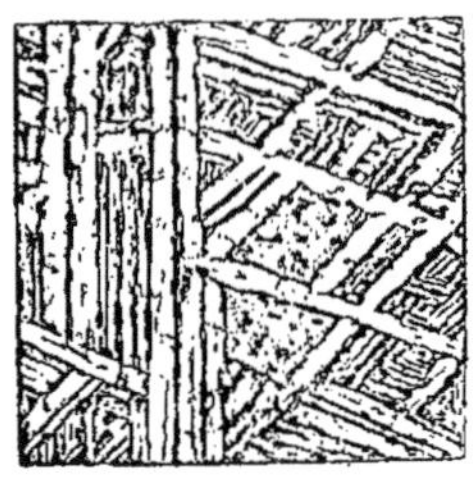

Fig. 14.

Caillite trouvée en 1828 à Caille (Var) et montrant des poutrelles régulières de Kamacite, bordées de lamelles de Tænite et réunies par de la Plessite riche en ponctuations noires.

19e type. THUNDITE Stan. Meun. — Kamacite en poutrelles tuberculeuses, Tænite et Plessite (fig. 15). Densité, 7.29.

Fig. 15.

Thundite trouvée en 1886 à Thunda (Australie) et montrant la Kamacite, irrégulière et tuberculeuse, associée à des lamelles de Tænite et à de la Plessite.

20e type. LENARTITE Stan. Meun. — Mélange de Tænite, de Kamacite et de Plessite (fig. 16). Densité, 7.0.

Fig. 16.

Lenartite trouvée en 1814 à Lenarto (Hongrie) et montrant la Kamacite en poutrelles associée à la Tænite et à la Plessite.

21e type. AGRAMITE Stan. Meun. — Association de la Kamacite, en poutrelles arrondies courtes et hachées, avec la Tænite peu abondante en lamelles assez régulières et la Plessite en champs à peu près dépourvue de ponctuations noires (fig. 17). Densité, 7.73.

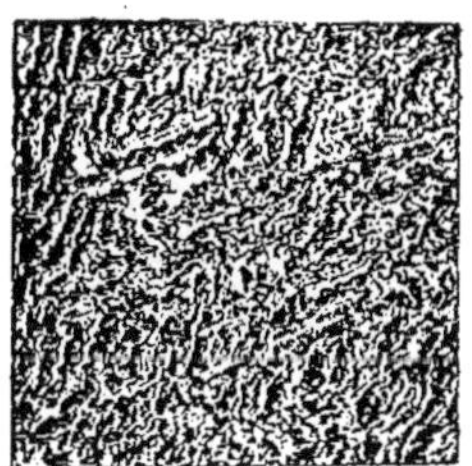

Fig. 17.

Agramite trouvée en 1811 à Elbogen (Bohême) et montrant les poutrelles courtes, hachées, souvent arrondies, de la Kamacite associée à la Tænite et à la Plessite.

22ᵉ type. CARLTONITE Stan. Meun. — Association de Kamacite, de Tænite et d'un alliage jouant le rôle de la Plessite (*Carltonine*), mais beaucoup moins oxydable, à grains fins et n'admettant jamais de peignes ou de grils (fig. 18). Densité, 7.69.

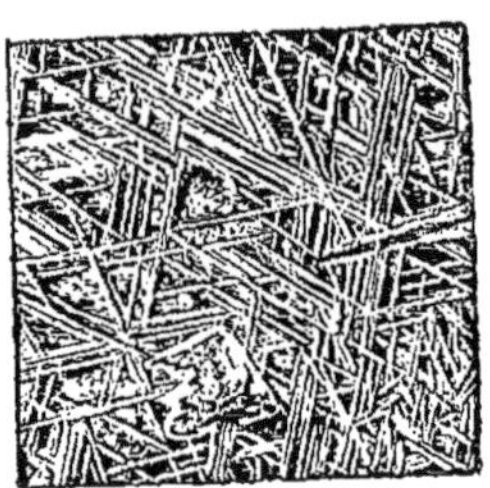

Fig. 18.

Carltonite trouvée en 1887 à Carlton (Texas) et montrant de longues aiguilles de Tænite et des poutrelles plus ou moins irrégulières de Kamacite réunies par la Carltonine.

23ᵉ type. KENDALLITE. — Brèche composée de fragments juxtaposés de fer dans lesquels l'expérience de Widmannstætten révèle une structure très variable (fig. 19). Densité de 6.94 à 7.10 suivant les échantillons.

Fig. 19.

Kendallite trouvée en 1887 à Kendall (Texas) et montrant une structure bréchiforme spéciale.

Nous résumerons les caractères distinctifs des Fers météoriques par le tableau synoptique ci-joint :

TABLEAU SYNOPTIQUE

INDIQUANT LA CARACTÉRISTIQUE DES TYPES DE SIDÉRITES, OU FERS MÉTÉORIQUES,

CONSERVÉS AU MUSÉUM D'HISTOIRE NATURELLE.

SIDÉRITES ou Fers météoriques	Homogènes renfermant :	1 seul alliage essentiel.	Structure cubique : l'alliage est :	1. L'octibbehine			1. Octibbehite.
				2. La catarinine			2. Catarinite.
				3. La braunine			3. Braunite.
				4. La coahuiline			4. Coahuilite.
			Structure octaédrique ; l'alliage est :	5. La kamacite.	Formant toute la masse et cristallisée en poutrelles.	Courtes	5. Nelsonite.
						Allongées	6. Bendegite.
					Associée à beaucoup de Schreibersite		7. Arvaïte.
				6. La tuczonine			8. Tuczonite.
		2 alliages essentiels qui sont :	La tænite et la plessite.	Sensiblement seules.	Les deux alliages en quantité à peu près égale		9. Jewellite.
					La plessite prépondérante à texture :	Noduleuse	10. Madocite.
						Lamellaire écartée	11. Jeknite.
						Lamellaire serrée	12. Dicksonite.
					La tænite prépondérante		13. Tazewellite.
				Associées à beaucoup de troïlite			14. Rocite.
			La kamacite et la plessite.	La kamacite en poutrelles régulières			15. Schwetzite.
				La kamacite en poutrelles hachées			16. Lockportite.
			La tænite et la braunine				17. Burlingtonite.
		3 alliages esssentiels :	La kamacite, la tænite et la plessite ; les poutrelles de kamacite.	Longues et régulières			18. Caillite.
				Tuberculeuses			19. Thundite.
				Granuleuses			20. Lenartite.
				Courtes et hachées			21. Agramite.
			La kamacite, la tænite et la carltonine				22. Carltonite.
	Bréchoïdes						23. Kendallite.

Nota. Un certain nombre de Sidérites ne se sont pas prêtées à une détermination précise, nous les avons désignées sous le nom de Fers indéterminés.

II. — Les *Lithosidérites*.

24e type. Toulite Stan. Meun. — Roche essentiellement bréchiforme, constituée par la juxtaposition de fragments métalliques et de fragments pierreux plus ou moins anguleux, les uns et les autres. La matière métallique paraît se rapprocher beaucoup de la *Burlingtonite* (type 17); la matière pierreuse est une roche spéciale où sont associés le Péridot, le Labrador et l'Augite (fig. 20). Densité du fer, 7.33; de la pierre, 4.15.

Fig. 20.

Toulite trouvée en 1846 à Toula (Russie). Les portions claires sont du Fer métallique donnant une *figure* qui rappelle celle de la Burlingtonite; les parties foncées sont formées d'une roche pierreuse où l'on trouve du Péridot et d'autres silicates.

25e type. Désite Stan. Meun. — Roche formée d'une pâte métallique renfermant des fragments pierreux anguleux. La partie métallique présente la teneur en nickel de la Caillite, mais elle en diffère par une structure confuse semblable à celle que la Caillite prend par la fusion. La partie pierreuse offre dans tous ses détails la composition minéralogique et la structure de la Tadjérite [v. type 41] (fig. 21). Densité du fer, 7.50; de la pierre, 3.58.

Fig. 21.

Désite trouvée en 1866 dans la Sierra de Deesa (Chili). Les fragments anguleux noirs sont de la Tadjérite, empâtés dans une masse générale ayant la composition, mais non la structure, de la Caillite.

26e type. Pallasite G. Rose. — Roche formée d'une masse métallique vacuolaire englobant des fragments cristallisés translucides. La masse métallique consiste en une association de Tænite, de Kamacite et de Plessite avec Schreibersite, Troïlite et Graphite comparable à celle qui constitue la Caillite. La partie pierreuse est du Péridot (fig. 22). Densité du fer, 7.16 à 7.86; de la pierre, 3.43.

Fig. 22.

Pallasite trouvée en 1749 à Krasnojarsk (Sibérie [Fer de Pallas]). On y voit une masse générale métallique renfermant des grains sombres de Péridot.

27e type. Kiowite Stan. Meun. — Roche constituée par une masse métallique compacte renfermant par place des grains pierreux très inégalement distribués. La partie métallique résulte de l'association de la Tænite avec la Plessite et on peut la considérer comme coïncidant avec la Jewellite (type 9). La pierre est du Péridot (fig. 23). Densité du fer, 7.7; de la pierre, 3.41.

Fig. 23.

Kiowite trouvée en 1886 à Brenham (Kansas) et montrant de gros grains péridotiques réunis par une masse générale de Jewellite.

28e type. Rittersgrunite Stan. Meun. — Roche formée par l'enchevêtrement d'un double réseau, l'un métallique et l'autre pierreux (fig. 24). Le métal contient de la Kamacite et de la Tænite; la pierre consiste en un mélange de Bronzite avec la variété de Quartz désignée sous le nom d'*Asmanite*. Densité du fer, 7.50; de la pierre, 3.23.

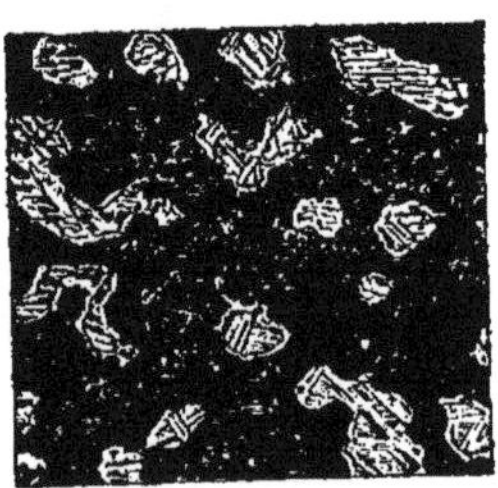

Fig. 24.

Rittersgrunite trouvée en 1847 à Rittersgrün (Saxe). Les parties claires représentent le réseau métallique où les acides dessinent des *figures* très nettes; les portions sombres représentent la masse pierreuse.

29e type. Atacamaïte Stan. Meun. — Roche formée d'un réseau métallique dont les mailles renferment des fragments rocheux grisâtres. La partie métallique est essentiellement composée de Kamacite et de Tænite; les fragments pierreux sont de la Dunite, c'est-à-dire d'une roche où sont mélangés le Péridot, le Pyroxène et la Chromite (fig. 25). Densité du métal, 7.5; de la pierre, 3.30.

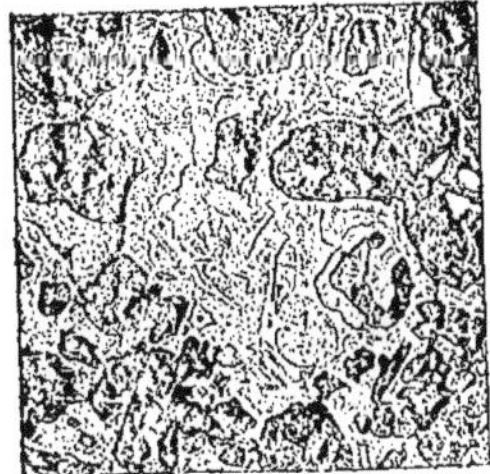

Fig. 25.

Atacamaite trouvée en 1827 à Imilac, désert d'Atacama. Les parties claires sont formées d'un métal concrétionné d'après les formes de la partie pierreuse, représentée en nuance foncée, et consistant en Dunite.

30ᵉ type. Esthervillite Stan. Meun. — Roche formée de minéraux lithoïdes très abondants, renfermant des grenailles très volumineuses, tuberculeuses et ordinairement rattachées ensemble par des filaments métalliques de façon à constituer un réseau. Ces grenailles donnent quelquefois de très belles figures de Widmannstætten, où apparaissent avec netteté la Tænite et la Kamacite. La partie pierreuse renferme de l'Olivine, de la Bronzite, de la Peckhamite, de la Troïlite, de la Schreibersite et de la Magnétite (fig. 26). Densité, 4.5.

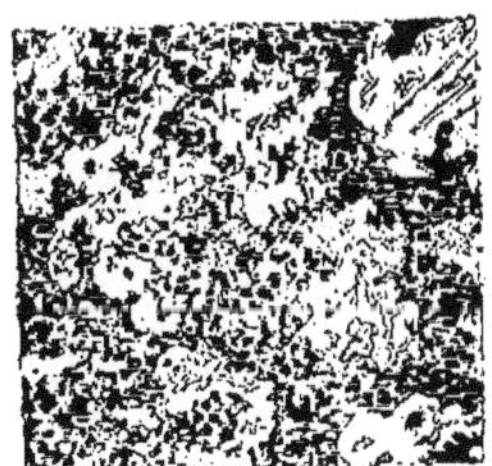

Fig. 26.

Esthervillite tombée le 10 mai 1879 à Estherville (Iowa). Les parties claires représentent de grosses grenailles métalliques, les parties foncées la masse pierreuse.

31° type. LOGRONITE Stan. Meun. — Roche formée de minéraux lithoïdes très dominants, renfermant des grenailles métalliques très abondantes et parfois volumineuses, le tout traversé par un fin réseau métallique. Les grains de fer sont formés surtout de Kamacite et de Tænite; la pierre résulte du mélange de minéraux voisins des Feldspaths avec des silicates plus acides, voisins du Pyroxène (fig. 27). Densité, 5.64.

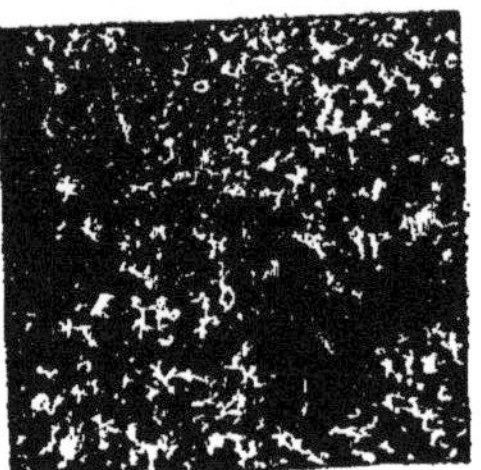

Fig. 27.

Logronite trouvée en 1857 à Miney (Missouri). Les grenailles métalliques sont représentées en blanc et se détachent sur le fond sombre des minéraux lithoïdes.

32° type. INÉSITE Stan. Meun. — Roche d'aspect analogue à la Logronite, présentant cependant par places une structure sphéroïdale particulière. C'est un mélange de grenailles métalliques volumineuses avec le Pyroxène et des Feldspaths tricliniques (fig. 28). Densité, 3.89.

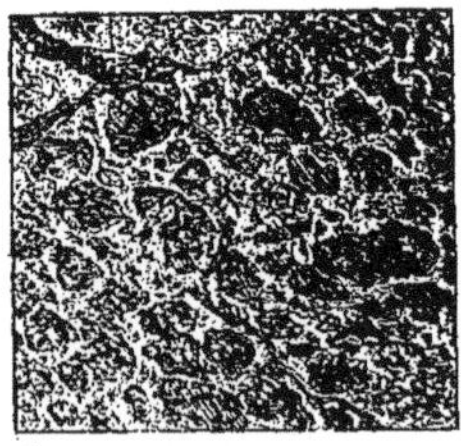

Fig. 28.

Inésite trouvée en 1888 à Dona-Inès, désert d'Atacama. Les parties claires sont des granules et des filaments métalliques encadrant les éléments pierreux représentés en nuance foncée.

33e type. Lodranite Stan. Meun. — Roche d'apparence pierreuse, très cristalline, dans laquelle se ramifie un fin réseau métallique qui sert de ciment à toute la masse. La portion pierreuse se scinde en Péridot et Bronzite (fig. 29). Densité, 5.8. La figure 30 représente une *lame mince* préparée pour l'étude microscopique.

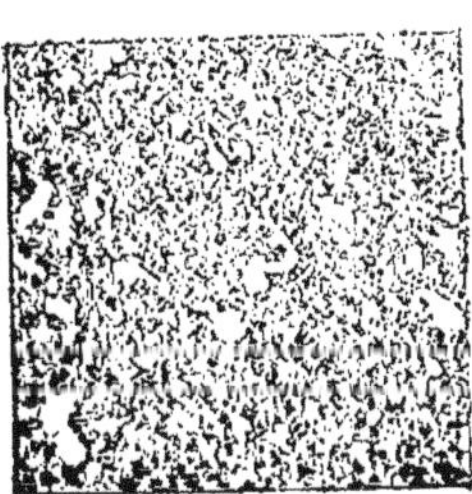

Fig. 29.

Lodranite tombée le 1er décembre 1868 à Lodran (Indes) et montrant des granules métalliques ramifiées entre les éléments pierreux. Grossissement de 4 diamètres.

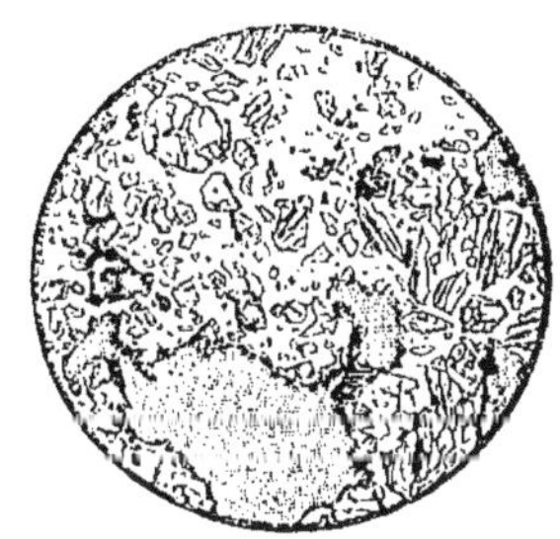

Fig. 30.

Lodranite en lame mince vue au microscope. Les gros grains clairs sont du Péridot et les grains foncés sont de la Bronzite. Les grains noirs sont du Fer nickelé. La masse générale comprend, outre une matière vitreuse, des petites particules des minéraux précédents.

Le tableau suivant résume les caractères différentiels et la classification des Lithosidérites.

TABLEAU SYNOPTIQUE

INDIQUANT LA CARACTÉRISTIQUE DES TYPES DE LITHOSIDÉRITES

CONSERVÉS AU MUSÉUM D'HISTOIRE NATURELLE.

LITHOSIDÉRITES dont la portion métallique constitue

- des *fragments* anguleux associés à des fragments pierreux . . . . . . 24. TOULITE.
- une *pâte* où les acides ne développent pas de figures . . . . . . 25. DÉESITE.
- un *réseau* dont les filaments sur une section plane sont :
  - assez larges pour que les acides y dessinent une figure. La partie pierreuse consiste en
    - fragments cristallisés où l'on reconnaît
      - l'olivine pure. Ce réseau est de dimension
        - uniforme dans toute la météorite . . . . . 26. PALLASITE.
        - très inégale suivant les points, et parfois fort épaisse . . . . . 27. KIOWITE.
      - un mélange de bronzite et d'asmanite . . . . . 28. RITTERSGRUNITE.
    - fragments d'une roche complexe, la Dunite . . . . . . 29. ATACAMAÏTE.
  - capillaires. La matière pierreuse est
    - associée à des grenailles métalliques souvent grosses et qui sont
      - tuberculeuses et souvent soudées entre elles . . 30. ESTHERVILLITE.
      - sphéroïdales et à peu près indépendantes les unes des autres. La partie pierreuse est
        - un mélange prépondérant de Péridot et de Pyroxène . . . 31. LOGRONITE.
        - un mélange prépondérant de Pyroxène et de Plagioklase . 32. INÉSITE.
    - dépourvue de grenailles métalliques volumineuses . . . . . . 33. LODRANITE.

III. — *Lithites* ou Pierres météoriques.

34e type. Erxlébénite Stan. Meun. — Roche grise, éminemment cristalline, à grains très fins formés d'un mélange d'Olivine avec plusieurs silicates plus acides, parmi lesquels la Bronzite se signale dans beaucoup d'échantillons par la netteté de ses caractères. Fer nickelé abondant en granules fort petits; un peu de Pyrrhotine, traces fréquentes de Fer chromé; on y distingue des chondres petits et peu nombreux (fig. 31 et 32). Densité, 3.61 à 3.74.

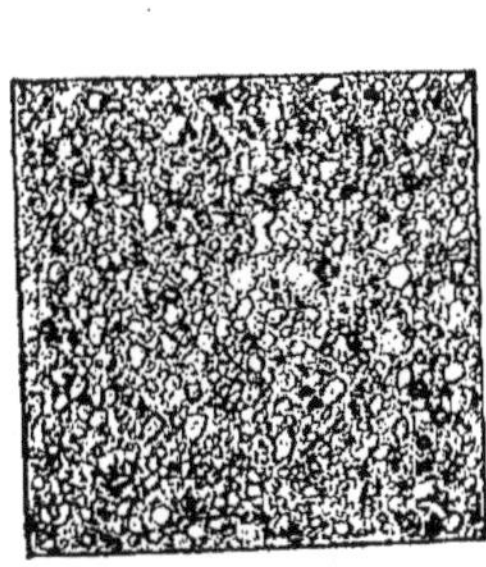

Fig. 31.

Erxlébénite tombée le 31 octobre 1864 à Cabarras (Caroline du Nord). Les grenailles métalliques sont représentées en blanc; avec les différents gris, on a rendu les grains silicatés, péridotiques, pyroxéniques et autres.

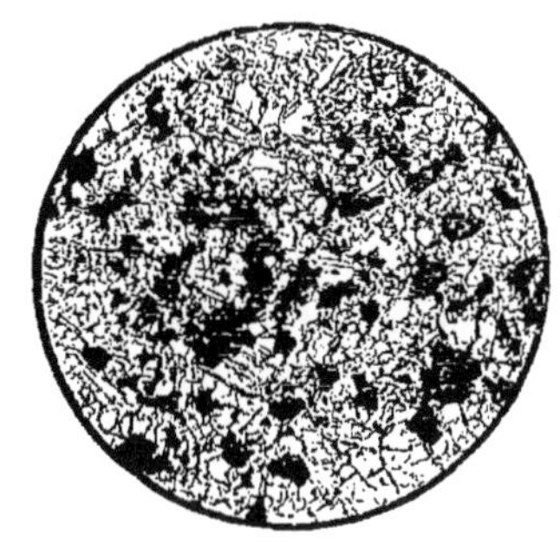

Fig. 32.

Erxlébénite tombée le 19 mars 1883 à Djati Pengilon (Java). Lame mince vue au microscope et montrant la forme ramifiée des grenailles métalliques opaques et l'état confusément cristallisé des minéraux silicatés.

35e type. Sigénite Stan. Meun. — Roche grise oolithique dont chaque globule est recouvert d'une druse cristalline. Mélange d'Augite, d'Enstatite et de Fer nickelé (fig. 33 et 34). Densité. 3.63 à 3.81.

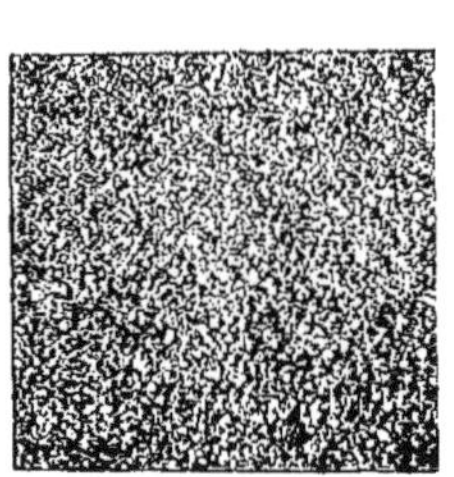

Fig. 33.

Sigénite tombée le 13 novembre 1773 à Sigena (Espagne). Les points blancs sont les grenailles métalliques; les grains noirs sont riches en Pyroxène.

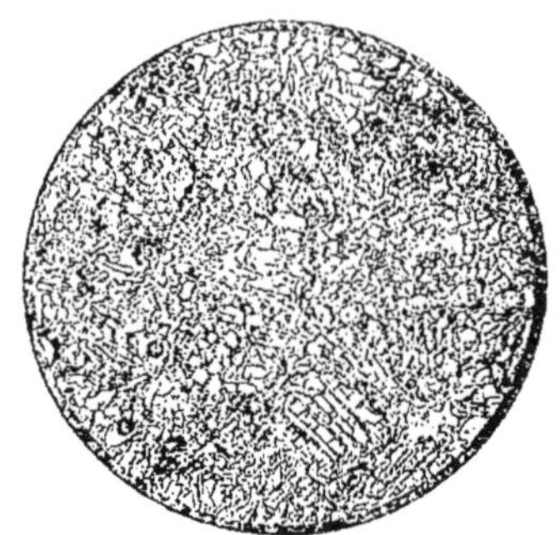

Fig. 34.

Sigénite tombée le 12 novembre 1856 à Trenzano (Italie). Les taches noires sont des granules métalliques. On voit des grains relativement volumineux d'Enstatite très clivables et des chondres où ce minéral est associé à l'Augite. Dans le magma général très fin, on retrouve ces deux minéraux.

36e type. Renazzite Stan. Meun. — Roche noirâtre à pâte vitreuse, renfermant un grand nombre de globules blancs assez réguliers. Elle renferme un silicate particulier; on y distingue de petits cristaux de Péridot, du Fer nickelé, du Fer chromé et de la Pyrrhotine (fig. 35 et 36). Densité, 3,24.

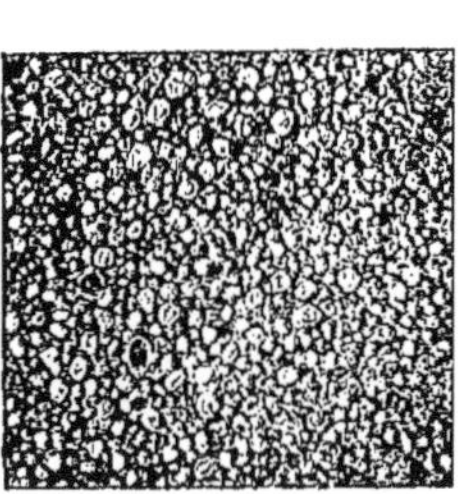

Fig. 35.

Renazzite tombée le 15 janvier 1824 à Renazzo (Italie) et montrant les grains arrondis blanchâtres sur le fond noir.

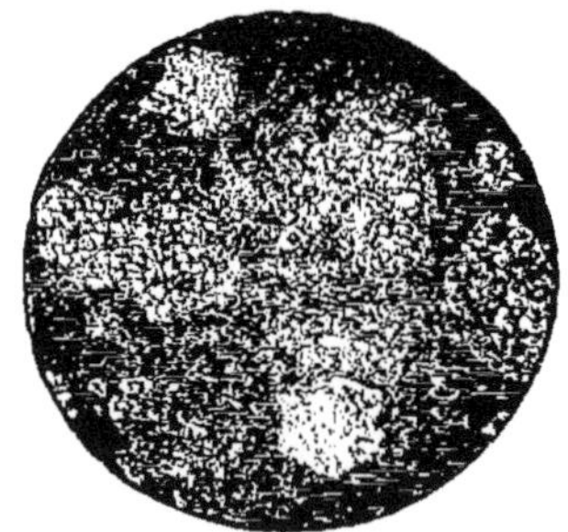

Fig. 36.

Renazzite tombée le 15 janvier 1824 à Renazzo, vue au microscope. On y voit, dans une masse vitreuse et sensiblement opaque, des amas cristallisés sphéroïdaux où domine le Péridot, mais qui renferment aussi des aiguilles d'Enstatite et des granules métalliques.

37ᵉ type. AUMALITE Stan. Meun. — Roche d'un gris de cendre, dure et cohérente, constituée par un mélange de Bronzite, d'Enstatite, de Péridot et de minéraux feldspathiques (en partie vitreux, *Maskelynite*) où le Labrador paraît dominer; grenailles de Fer nickelé et de Troïlite.

Deux sous-types se distinguent

37 A. AUMALITE PROPREMENT DITE. — Variété la plus compacte, la plus dure et d'un gris bleuâtre ou jaunâtre (fig. 37 et 38). Densité, 3.55.

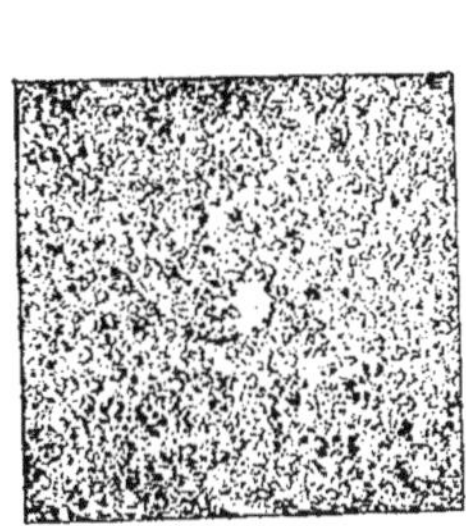

Fig. 37.

Aumalite tombée le 26 août 1865 à Aumale (Algérie). Les taches blanches représentent des grenailles métalliques empâtées dans un aggrégat finement cristallin.

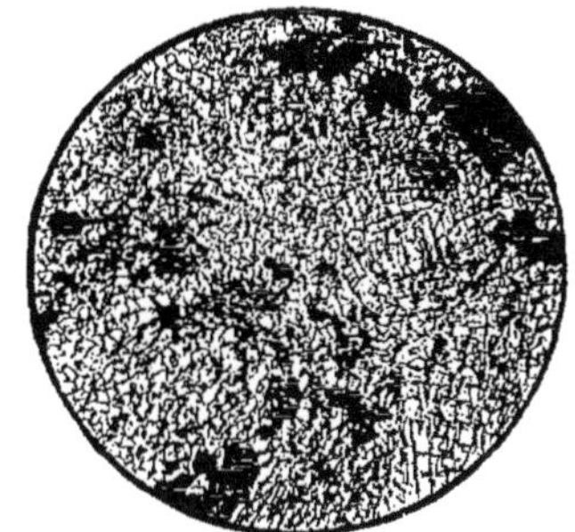

Fig. 38.

Aumalite tombée le 7 décembre 1864 à Tourinne-la-Grosse (Belgique), vue au microscope. Les taches noires sont des granules métalliques. La partie claire consiste surtout en petits cristaux de Bronzite et de Péridot. On voit çà et là des aiguilles d'Enstatite.

37 B. LUCÉITE Stan. Meun. — Variété tout à fait blanche, moins dure et moins cohérente que la précédente (fig. 39 et 40). Densité, 3.55.

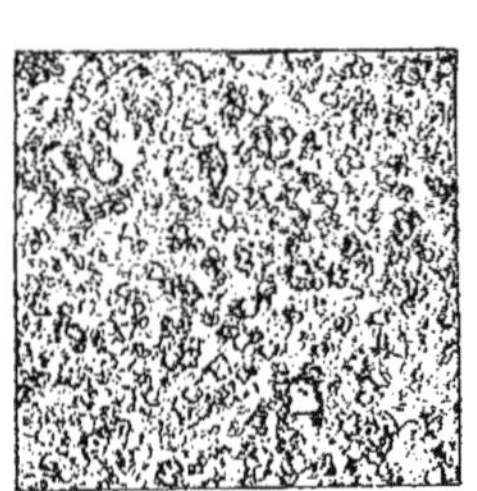

Fig. 39.

Lucéite tombée le 13 décembre 1795 à Wold Cottage (Angleterre). On peut voir l'analogie intime d'aspect avec l'Aumalite.

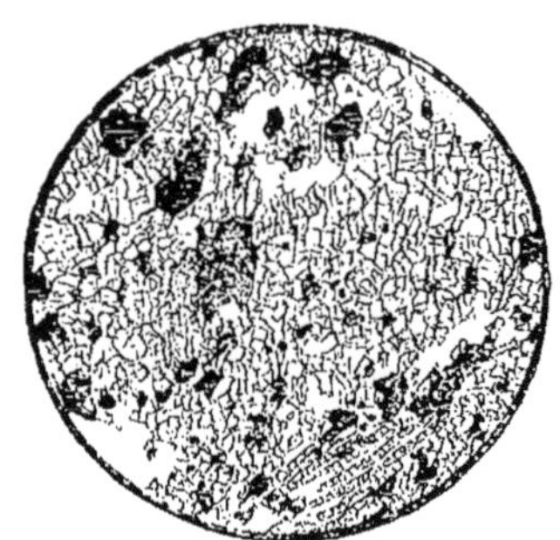

Fig. 40.

Lucéite tombée le 24 décembre 1804 à Hacienda de Boras (Mexique), vue au microscope. On y retrouve tous les éléments essentiels de l'Aumalite. Dans l'échantillon choisi, on voit beaucoup de cristaux aciculaires d'Enstatite.

38ᵉ type. Montréjite Stan. Meun. — Roche d'un gris plus ou moins foncé, de structure essentiellement oolithique, ayant la composition minéralogique de l'Aumalite.

Deux sous-types sont à distinguer :

38 A. Montréjite proprement dite. — Roche peu cohérente, d'un gris très clair (fig. 41 et 42). Densité, 3.55.

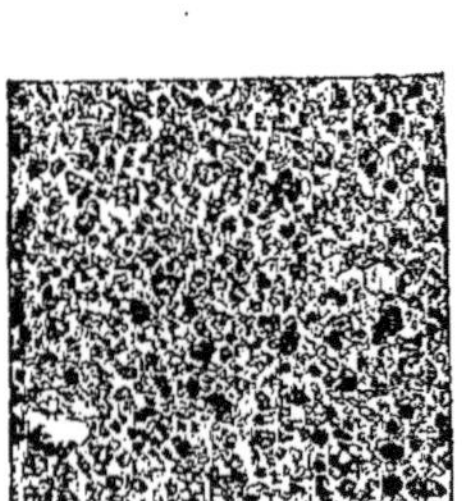

Fig. 41.

Montréjite tombée le 9 décembre 1858 à Montrejeau (Haute-Garonne). On y voit la structure éminemment oolithique et la présence des granules métalliques

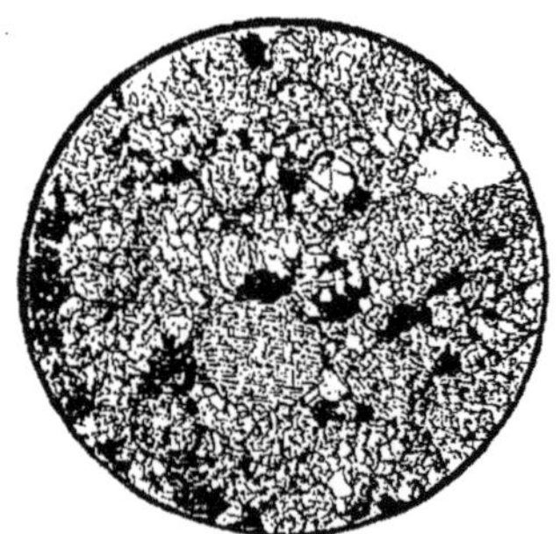

Fig. 42.

Montréjite tombée le 1ᵉʳ janvier 1859 à Hessle (Suède), vue au microscope. On remarque avant tout la structure globulifère de la roche, et on voit plusieurs chondres constitués de fines aiguilles d'Enstatite. Les taches noires sont les granules de Fer; les grains clairs relativement gros sont du Péridot. Dans le magma fin, on retrouve des minéraux pyroxéniques, péridotiques et feldspathiques.

38 B. Limerickite Stan. Meun. — Variété de couleur gris-violacé foncée, beaucoup plus cohérente et plus dure que la Montréjite proprement dite (fig. 43 et 44).

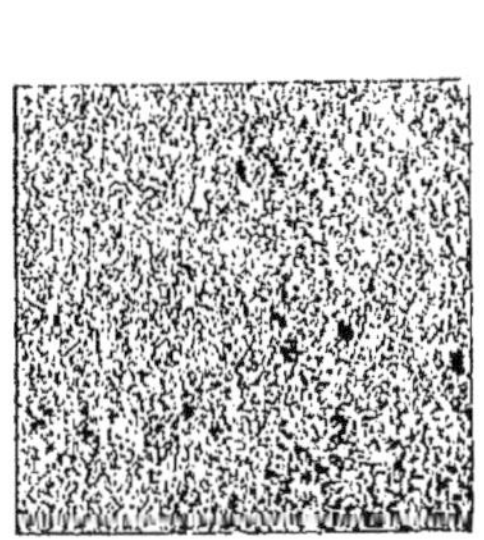

Fig. 43.

Limerickite tombée le 10 septembre 1813 à Limerick (Irlande). On y revoit, avec une nuance plus foncée, la structure de la Montréjite.

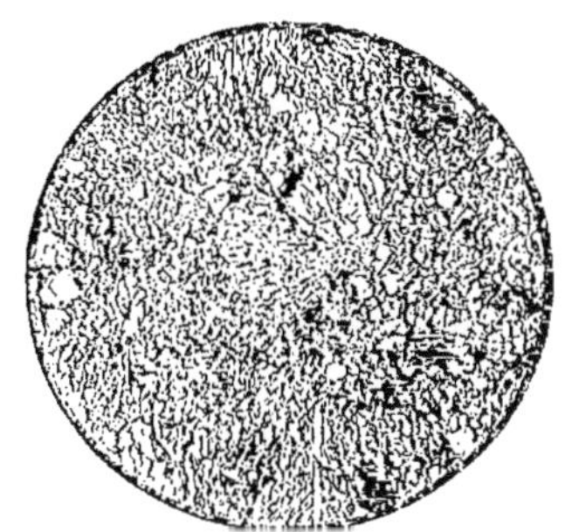

Fig. 44.

Limerickite tombée le 22 septembre 1887 à Phu-Hong (Cochinchine française), vue au microscope. On y revoit tous les caractères de la Montréjite, à commencer par les chondres rayonnants; les grains clairs sont du Péridot et les granules noirs du Fer nickelé et du Sulfure de fer.

39e type. Richmondite Stan. Meun. — Roche lâche, cellulaire, cristalline, où domine le Péridot et où existent avec lui des

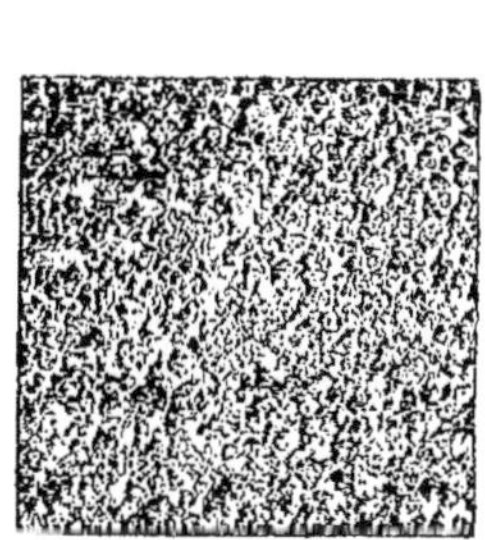

Fig. 45.

Richmondite tombée le 4 juin 1828 à Richmond (Virginie). Les portions sombres comprennent des grains métalliques et de la matière vitreuse; la partie claire est formée de silicates cristallisés.

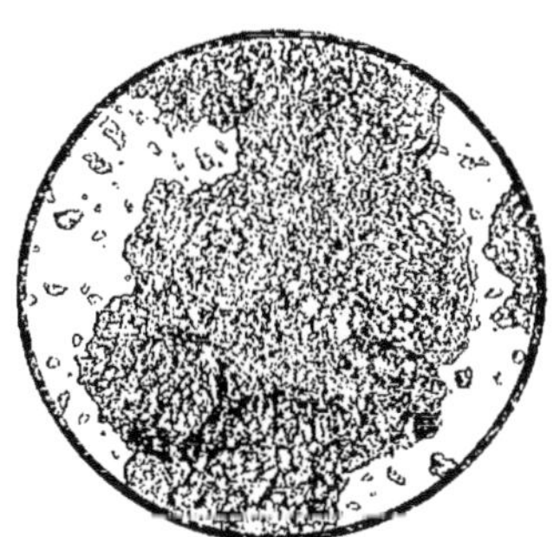

Fig. 46.

Richmondite tombée le 4 juin 1828 à Richmond, vue au microscope. Les gros grains arrondis, partiellement transparents, sont du Péridot. Dans le magma interposé se montrent des aiguilles d'Enstatite optiquement déterminables. Les grains noirs sont du Fer nickelé et du Fer sulfuré.

silicates plus acides et spécialement l'Enstatite. Le Fer nickelé, la Pyrrhotine, un Feldspath, peut-être l'Apatite s'y rencontrent aussi (fig. 45 et 46). Densité, 3.29.

40ᵉ type. TIESCHITE Stan. Meun. — Roche constituée par un mélange de Péridot, d'Enstatite, de Bronzite et peut-être aussi d'un Feldspath. Texture presque granitique (fig. 47 et 48). Densité, 3.6.

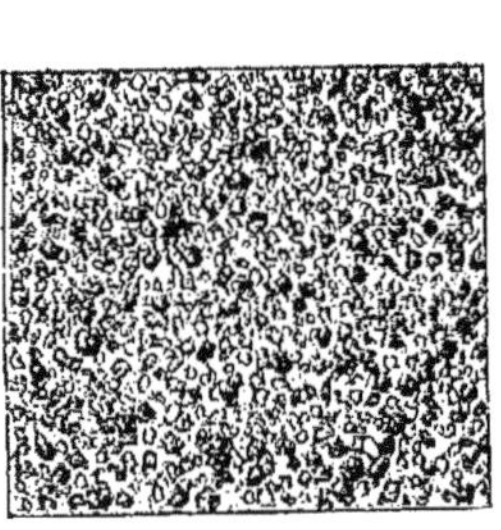

Fig. 47.

Tieschite tombée le 15 juillet 1878 à Tieschitz (Moravie). Les grains noirs sont du Fer nickelé et du Sulfure ; les autres diverses espèces, silicatées.

Fig. 48.

Tieschite tombée le 15 juillet 1878 à Tieschitz (Moravie), vue au microscope. Dans le milieu de la préparation se montre un grand chondre de forme irrégulière, formé d'aiguilles volumineuses d'Enstatite. Vers la gauche, en haut, se voient des grains de Péridot réunis par un magma en partie vitreux ; en bas, mélange de Bronzite et de Péridot. Les taches noires sont du Fer nickelé et du Sulfure.

41ᵉ type. TADJÉRITE Stan. Meun. — Roche noire, compacte, très dure, ayant exactement la composition de l'Aumalite, avec addition d'une matière colorante noire dont l'apparition est la conséquence d'un échauffement subi par la roche, postérieurement à sa constitution (fig. 49 et 50). Densité, 3.54 à 3.59.

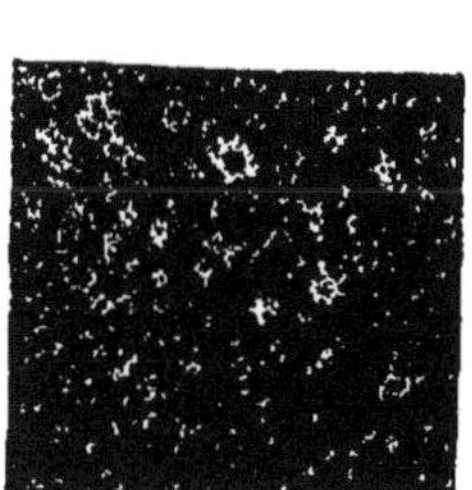

Fig. 49.

Tadjérite tombée en 1870 à Mac Kinney (Texas). On voit briller les grenailles métalliques sur le fond très noir de la roche.

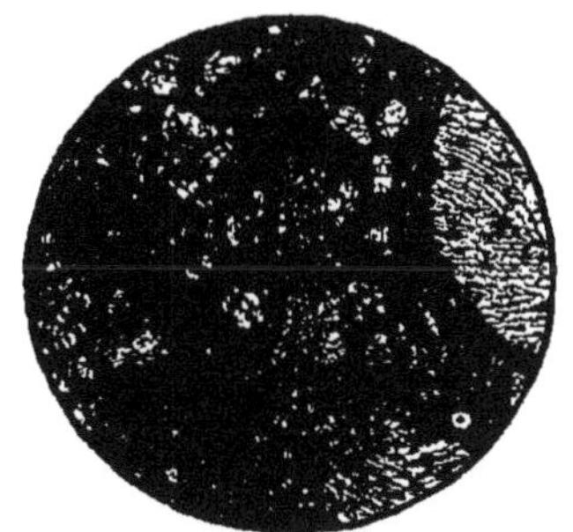

Fig. 50.

Tadjérite tombée le 12 mai 1874 à Sevrukowo (Russie), vue au microscope. La matière noire est un mélange en grains très fins de Péridot et de Bronzite colorée par une matière noire voisine de la Fayalite. Les grains transparents sont du Péridot. A droite se voit un gros chondre d'Enstatite.

42ᵉ type. Chantonnite Stan. Meun. — Roche d'un gris de cendre traversée par des veines noires ou noirâtres. Grenailles métalliques disséminées. Composition identique à celle de l'Aumalite avec addition de la substance noire (fig. 51 et 52). Densité, 3.44 à 3.66.

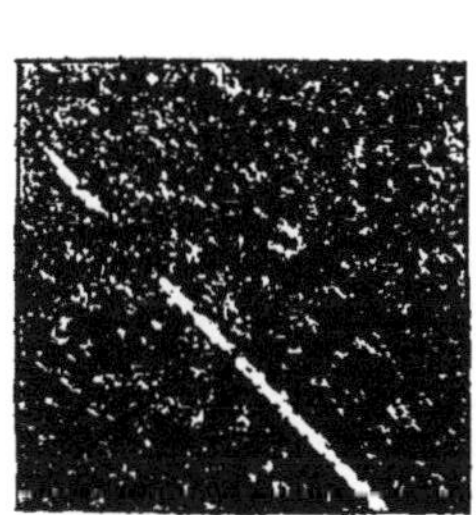

Fig. 51.

Chantonnite tombée en mai 1859 à Beuste (Basses-Pyrénées). On y voit une grenaille filamenteuse de Fer métallique.

Fig. 52.

Chantonnite tombée le 5 août 1812 à Chantonnay (Vendée), vue au microscope. On y voit une veinule noire caractéristique qui se fond avec les filaments de matière noire interposée entre beaucoup d'éléments. Le Péridot, l'Enstatite, le Fer nickelé sont très reconnaissables.

43e type. STAWROPOLITE Stan. Meun. — Roche d'un gris noirâtre, compacte, renfermant de nombreux globules. Composition coïncidant avec celle de la Montréjite, avec addition de la matière noire (fig. 53 et 54). Densité, 3.50 à 3.80.

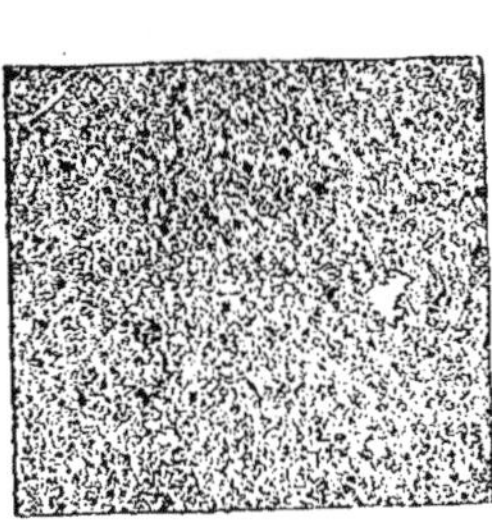

Fig. 53.

Stawropolite tombée le 24 mars 1857 à Stawropol (Caucase). On en voit la structure et la couleur sombre qui tranche avec la nuance claire des grenailles métalliques.

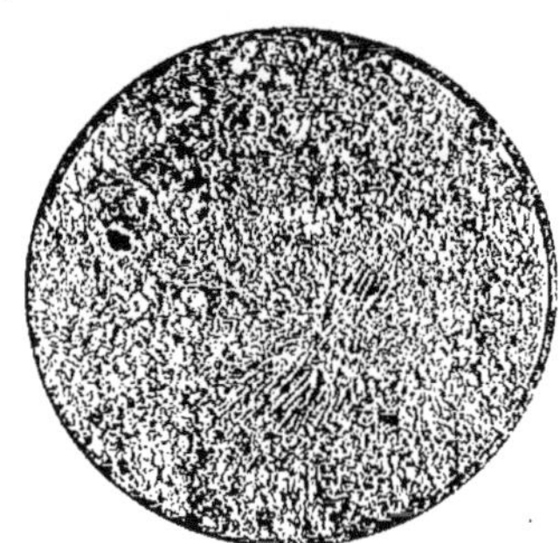

Fig. 54.

Stawropolite tombée le 24 mars 1857 à Stawropol, vue au microscope. On y remarque un chondre dont les aiguilles d'Enstatite sont séparées par des filaments de matière noire métamorphique. Dans le magma général, les minéraux ordinaires de la Montréjite sont également associés à cette matière noire.

44e type. BÉLAJITE Stan. Meun. — Roche blanchâtre friable, renfermant des grains noirs sphériques, ressemblant à du plomb

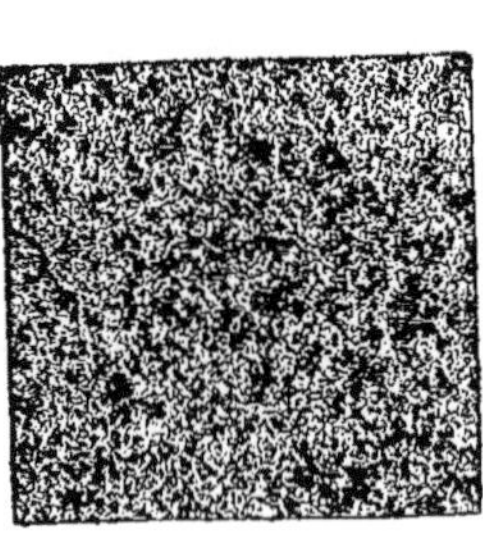

Fig. 55.

Bélajite tombée le 12 mai 1861 à Butsura (Indes). On voit la couleur noire des chondres contrastant avec la nuance plus claire du ciment qui les relie ensemble.

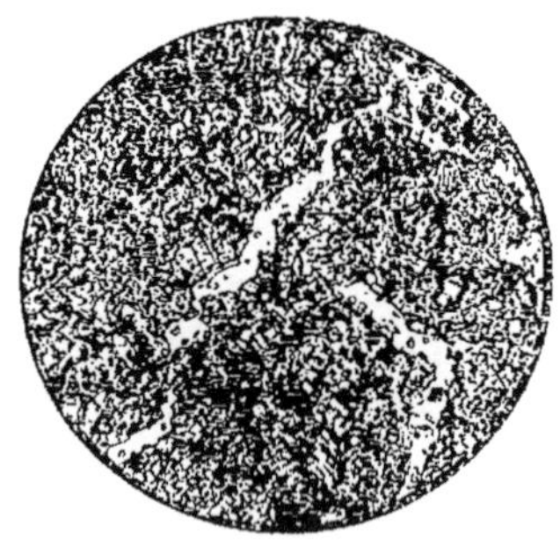

Fig. 56.

Bélajite tombée le 12 mai 1846 à Butsura (Indes), vue au microscope. On reconnaît les chondres noirs dans un magma tout semblable à celui de la Montréjite.

de chasse. C'est un mélange de silicates pyroxéniques et d'Olivine, avec des granules de Fer nickelé et de Pyrrothine. Très analogue à la Montréjite; en diffère par la couleur noire de ses chondres (fig. 55 et 56). Densité, 3.47 à 3.74.

45ᵉ type. Bustite Stan. Meun. — Roche blanchâtre, bréchoïde, résultant du mélange de la Chladnite avec une roche noire formée surtout d'Augite et constituant une variété de Pyroxénite. Entre ces fragments rocheux et dans leurs fissures, se présentent du Fer nickelé et deux minéraux qui jusqu'ici semblent être exclusifs, l'Oldhamite et l'Osbornite (fig. 57 et 58). Densité, 3.29.

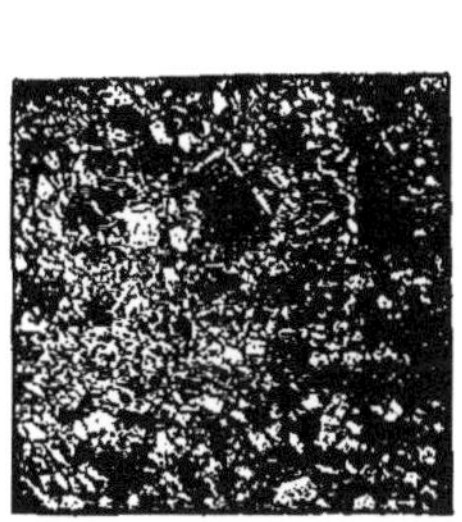

Fig. 57.

Bustite tombée le 2 décembre 1852 à Busti (Indes). On constate la structure bréchoïde de cette roche.

Fig. 58.

Bustite tombée le 2 décembre 1852 à Busti (Indes), vue au microscope. Grand fragment blanc de Chladnite, associé à des fragments anguleux de Pyroxénite noire.

46ᵉ type. Giovanite Stan. Meun. — Roche bréchiforme, formée de fragments, dont les uns sont de Lucéite et les autres de Limerickite (fig. 59). Densité, 3.65.

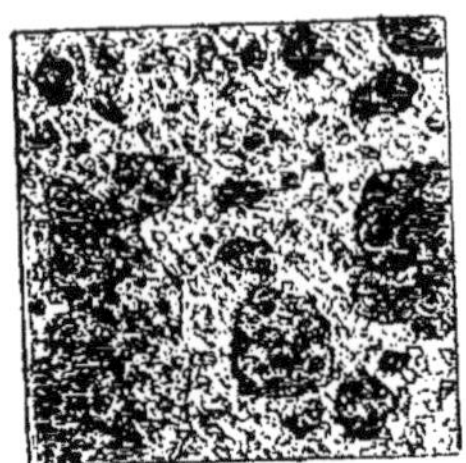

Fig. 59.

Giovanite tombée le 16 juin 1794 à San Giovani d'Asso (Italie). Les fragments foncés sont constitués par de la Limerickite; la masse générale blanchâtre est de la Lucéite.

47ᵉ type. Mesminite Stan. Meun. — Roche bréchiforme, composée de fragments de Lucéite réunis par un magma général de Limerickite (fig. 60). Densité, 3.42 à 3.79.

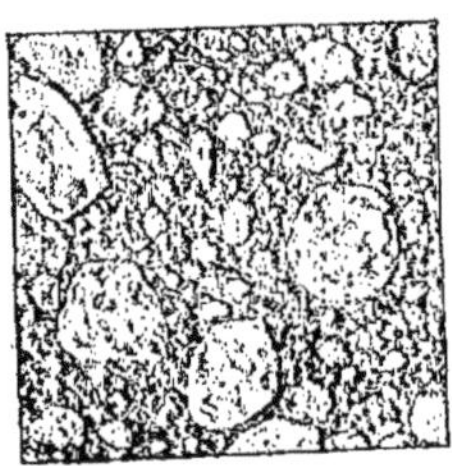

Fig. 60.

Mesminite tombée le 30 mars 1866 à Saint-Mesmin (Aube). Les fragments blanchâtres sont de la Lucéite et le magma général est formé de Limerickite.

48ᵉ type. Canellite Stan. Meun. — Roche bréchiforme, montrant des fragments d'un gris de cendre et oolithiques de Montréjite, réunis par une pâte générale de même structure, mais beaucoup plus foncée et formée de Limerickite (fig. 61). Densité, 3.66.

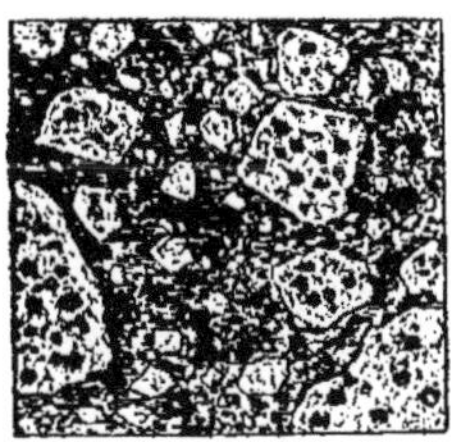

Fig. 61.

Canellite tombée le 14 mai 1861 à Canellas (Espagne). Les fragments anguleux et oolithiques sont formés de Montréjite; le magma général est de la Limerickite.

49e type. Banjite Stan. Meun. — Roche d'un gris cendré, formée de fragments d'Erxlébénite empâtés dans de la Montréjite (fig. 62). Densité, 3.5.

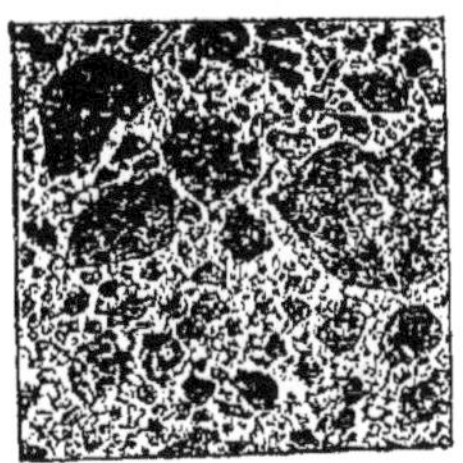

Fig. 62.

Banjite tombée le 13 octobre 1872 à Soko-Banja (Serbie). Les fragments anguleux sombres sont de l'Erxlébénite; la masse générale est de la Montréjite.

50e type. Laiglite Stan. Meun. — Roche grossière, pépériniforme, constituée par le mélange de grains d'Aumalite, de Chantonnite et d'autres roches, empâtés dans une masse générale où abondent des chondres, souvent constitués par des aiguilles rayonnantes d'Enstatite (fig. 63 et 64). Densité, 3.3.

Fig. 63.

Laiglite tombée le 9 juin 1866 à Knyahinya (Hongrie). On y reconnaît une structure très hétérogène.

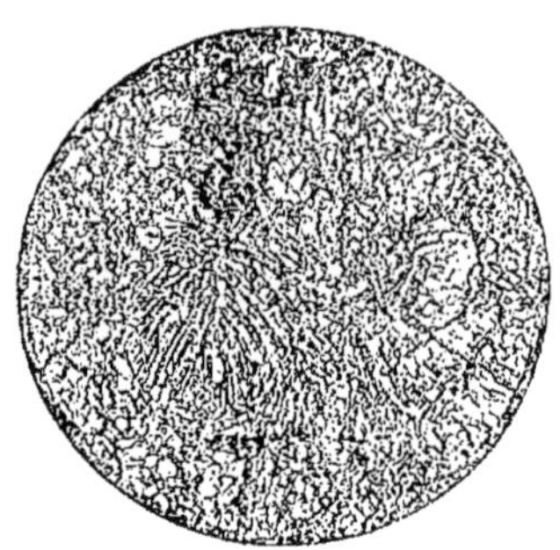

Fig. 64.

Laiglite tombée le 9 juin 1866 à Knyahinya (Hongrie), vue au microscope. A droite, vers le bas, se voit un fragment d'Aumalite; en haut, un fragment de Chantonnite reconnaissable à ses marbrures. Dans le milieu, est un chondre d'Enstatite.

51e type. Parnallite Stan. Meun. — Roche grossière, formée de fragments rocheux appartenant au moins à sept types lithologiques distincts, parmi lesquels on a déterminé la Lucéite, la Tadjérite et la Chantonnite (fig. 65 et 66). Densité, 3.3 à 3.5.

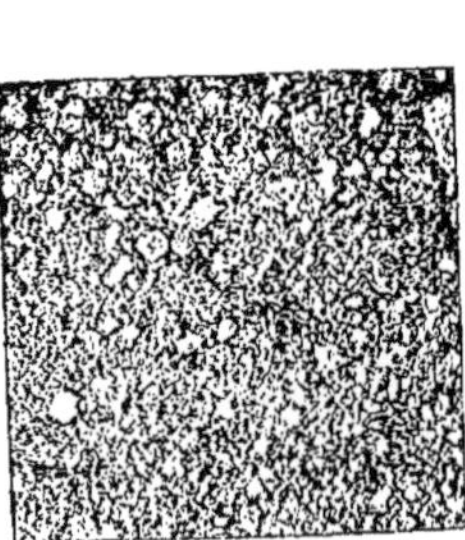

Fig. 65.

Parnallite tombée le 4 septembre 1852 à Mezo-Madaras (Transylvanie). On y voit une structure analogue à celle de la Laiglite, mais à plus gros éléments.

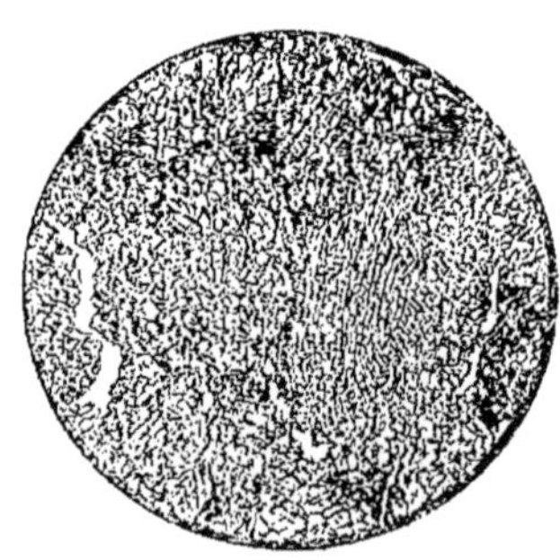

Fig. 66.

Parnallite tombée le 28 février 1857 à Parnallee (Indes). On voit, vers la gauche, un fragment arrondi de Chantonnite très veinée de noir; en haut et un peu à gauche, un fragment de Lucéite; vers la droite, en haut, de la Tadjérite; un chondre très fibreux est vers le milieu.

52e type. Chladnite G. Rose. — Roche très friable, formée surtout de Bronzite d'un blanc de lait (Enstatite), à laquelle se trouvent mélangés un peu de Labrador, du Fer nickelé, de la Pyrrhotine, etc. (fig. 67 et 68). Densité, 3.03.

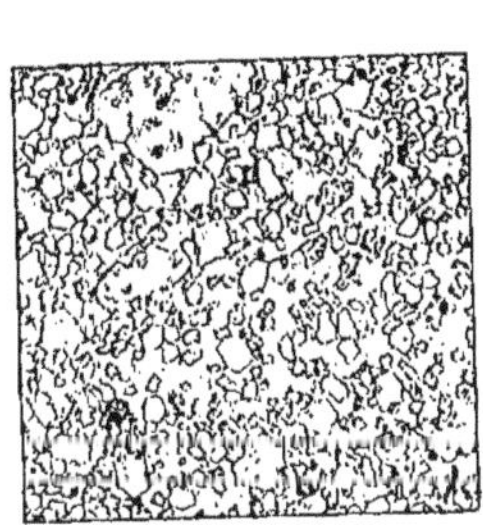

Fig. 67.

Chladnite tombée le 25 mars 1843 à Bishopville (Caroline du Sud), et montrant de très nombreux grains blancs d'Enstatite associés à des minerais un peu plus foncés.

Fig. 68.

Chladnite tombée le 25 mars 1843 à Bishopville, vue au microscope. On y voit l'extrême abondance de l'Enstatite reconnaissable à ses clivages. Les grains noirs sont constitués surtout par du Fer nickelé.

53e type. Ornansite Stan. Meun. — Roche d'un gris foncé, entièrement oolithique et tellement friable, qu'elle tache les doigts au moindre contact. Le Péridot en constitue les trois

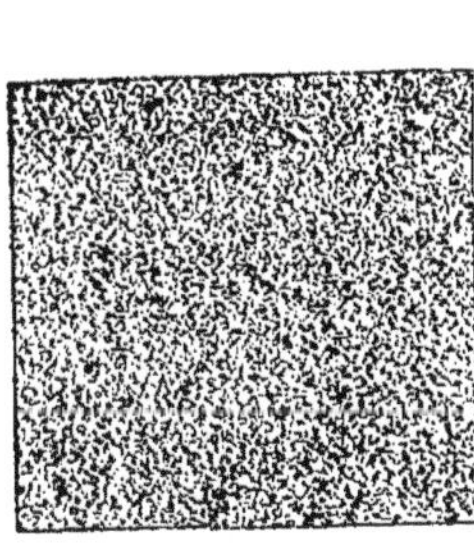

Fig. 69.

Ornansite tombée le 11 juillet 1868 à Ornans (Doubs), et montrant la structure essentiellement oolithique de cette roche.

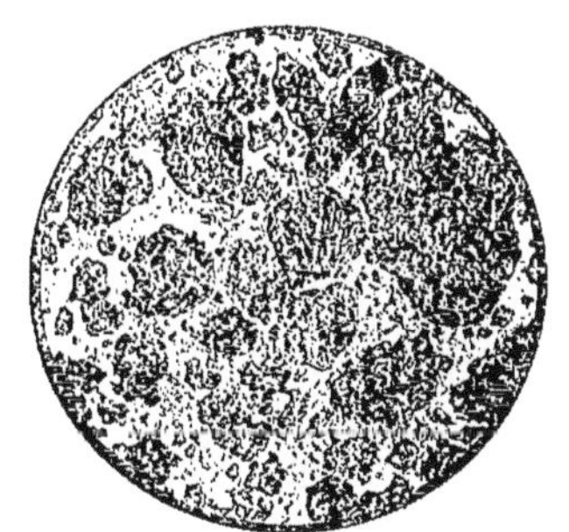

Fig. 70.

Ornansite tombée le 11 juillet 1868 à Ornans, vue au microscope. On remarque les globules péridotiques colorés par une substance amorphe en partie vitreuse.

quarts; il est mélangé à des silicates magnésiens plus acides (Pyroxène), à du Fer nickelé en très petites particules et à de la Pyrrhotine (fig. 69 et 70). Densité, 3.59.

54e type. Howardite G. Rose. — Roche consistant en un mélange d'Anorthite et de Péridot, auxquels s'ajoute un peu de silicate plus acide, comme de l'Augite. On y trouve aussi du Fer nickelé et de la Pyrrothine (fig. 71 et 72). Densité, 3.17.

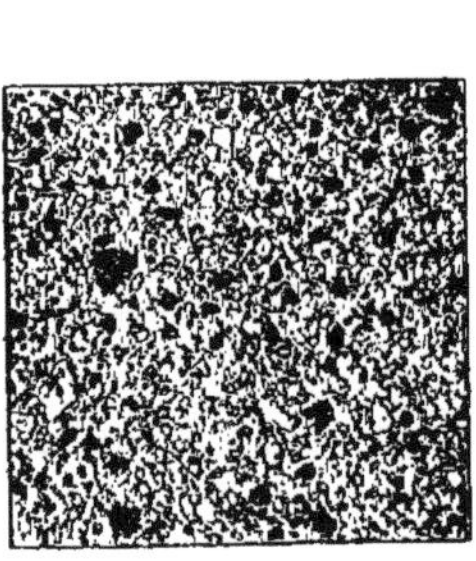

Fig. 71.

Howardite tombée le 14 juillet 1845 au Teilleul (Manche). On y voit des grains blancs et crayeux d'Anorthite, des cristaux verts de Péridot et des grains noirs de Pyroxène.

Fig. 72.

Howardite tombée le 5 décembre 1868 à Francfort (Alabama), vue au microscope. Les grands cristaux sont les uns de l'Anorthite et les autres du Péridot. Parmi les grains noirs, les uns sont du Fer nickelé les autres du Fer sulfuré.

55e type. Chassignite G. Rose. — Roche composée presque exclusivement de Péridot hyalosidérite, et contenant quelques traces de Pyroxène et de Fer chromé (fig. 73 et 74). Densité, 3.55.

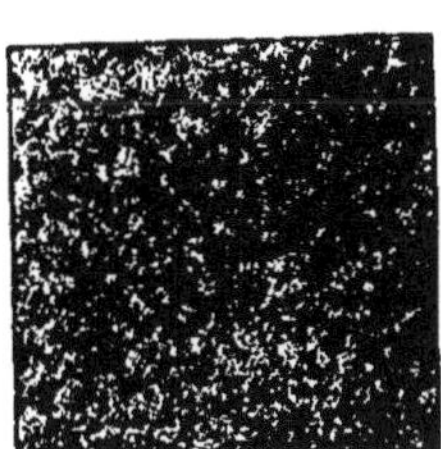

Fig. 73.

Chassignite tombée le 3 octobre 1815 à Chassigny (Haute-Marne). De tout petits grains noirs de Fer chromé se détachent sur le fond clair de la roche.

Fig. 74.

Chassignite tombée le 3 octobre 1815 à Chassigny, vue au microscope. La plus grande partie de la masse est constituée par du Péridot finement grenu. Les grains noirs sont de la Chromite.

56e type. EUKRITE G. Rose. — Roche consistant en un mélange bien distinct d'Augite et d'Anorthite, auxquels s'ajoutent un peu de Fer chromé et de la Pyrite magnétique, peut-être des traces de Fer nickelé. On aperçoit l'Apatite et la Titanite (fig. 75 et 76). Densité, 3.07 à 3.12.

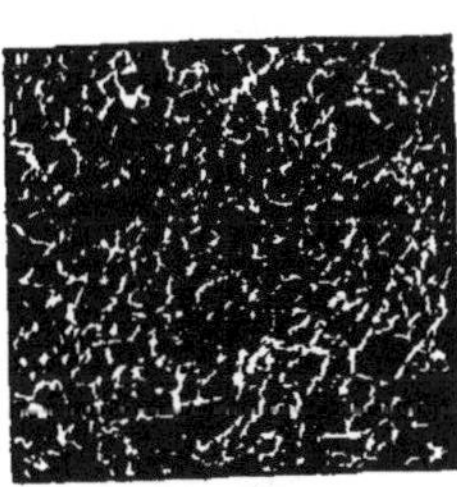

Fig. 75.

Eukrite tombée le 15 juin 1821 à Juvinas (Ardèche). Les gros grains noirs sont du Pyroxène; les parties blanches, du feldspath Anorthite.

Fig. 76.

Eukrite tombée le 15 juin 1821 à Juvinas (Ardèche), vue au microscope. De très grands cristaux incolores d'Anorthite sont associés à des cristaux brunâtres d'Augite. Les grains opaques sont les uns de Pyrrhotine et les autres de Chromite.

57e type. SHERGOTTITE Maskelyne. — Roche constituée par un mélange de Pyroxène augite et de Maskelynite. On y reconnaît un peu de Fer chromé et de Pyrrhotine (fig. 77 et 78). Densité, 3.14.

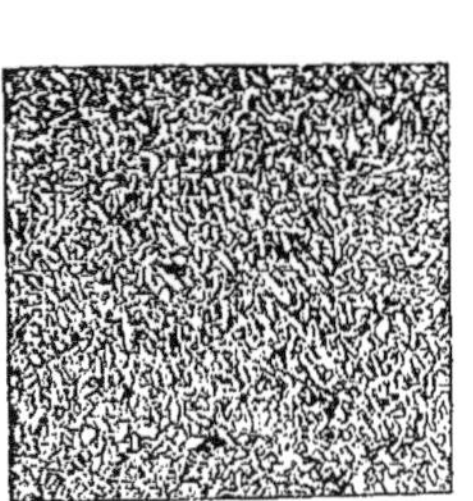

Fig. 77.

Shergottite tombée le 25 avril 1865 à Shergotty (Indes). On y voit de petits cristaux blancs de Maskelynite associés à du Pyroxène en grains noirs moins abondants.

Fig. 78.

Shergottite tombée le 25 avril 1865 à Shergotty, vue au microscope. On y voit nettement l'association de la Maskelynite et de l'Augite. Les grains noirs sont de la Chromite avec un peu de Pyrrothine.

58e type. SHALKITE G. Rose. — Roche consistant dans le mélange dominant du Péridot et de la Bronzite, avec une quantité notable de Fer chromé (fig. 79 et 80). Densité, 3.41 à 3.60.

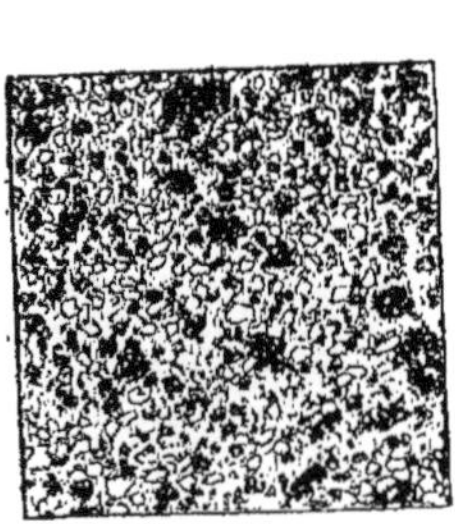

Fig. 79.

Shalkite tombée le 30 novembre 1850 à Shalka (Indes). On y voit les grains sombres de Bronzite et les grains plus clairs de Péridot.

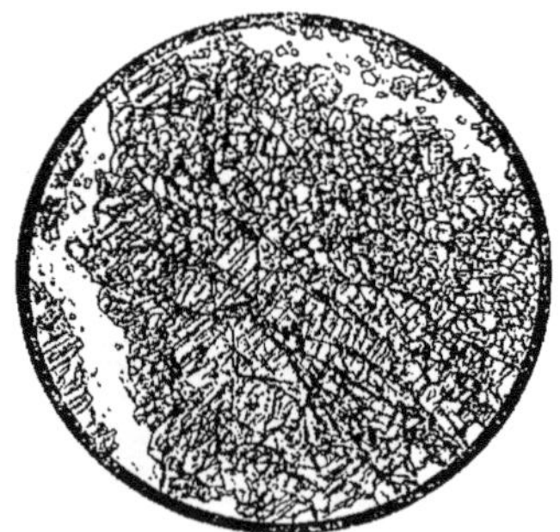

Fig. 80.

Shalkite tombée le 30 novembre 1860 à Shalka, vue au microscope. On reconnaît une large plage de Bronzite toute sillonnée de clivages parallèles. Le Péridot est finement grenu. La Chromite est abondante.

59e type. Uréilite Jerofeieff et Latschinoff. — Roche noire cristalline composée d'un mélange d'Olivine, d'Augite prépondérante et de Diamant en poussière microscopique (fig. 81 et 82). Densité, 3.5.

Fig. 81.

Uréilite tombée le 4 septembre 1886 à Nowo-Uréj (Russie). On y remarque de très petits grains clairs d'Olivine dans une masse noire miroitante d'Augite.

Fig. 82.

Uréilite tombée le 4 septembre 1886 à Nowo-Uréj, vue au microscope. Grands cristaux d'Augite avec du Péridot grenu et des matières noires en partie vitreuse, d'où l'analyse extrait une fine poussière de Diamant.

60e type. Angrite Ludwig et Tschermak. — Roche noire constituée par un mélange de Péridot, d'Augite et de Monticellite (Péridot à base de chaux) (fig. 83 et 84).

Fig. 83.

Angrite tombée le 20 janvier 1869 à Angra dos Reis (Brésil).

Fig. 84.

Angrite tombée le 20 janvier 1869 à Angra dos Reis, vue au microscope. Grand cristaux du Péridot, lames un peu jaunâtres de Monticellite et Angite grenue. Petits grains de Chromite.

61ᵉ type. ORGUEILLITE Stan. Meun. — Roche noire très friable, contenant de petits points blancs. Elle est combustible et dégage une odeur bitumineuse. C'est un mélange intime de silicates magnésiens hydratés, avec du Péridot et une ou plusieurs substances organiques ternaires comparables à l'Humus. On y trouve, en outre, des traces de chlorures et de sulfates alcalins et alcalino-terreux, ainsi que des cristaux de Breunérite et de Pyrrhotine. Densité, 1.70 à 2.57.

62ᵉ type. BOKKEWELITE Stan. Meun. — Roche noire, cohérente, peu dure mais non friable. On y reconnaît le Péridot, un silicate magnésien plus acide, le Fer sulfuré, la Chromite, le Fer nickelé à l'état de traces à peines perceptibles, le Charbon libre, une matière organique isolée par Wœhler sous le nom de Kabaïte. Moins opaque que l'Orgueillite, elle peut être examinée en lames minces (fig. 85). Densité, 2.69 à 2.94.

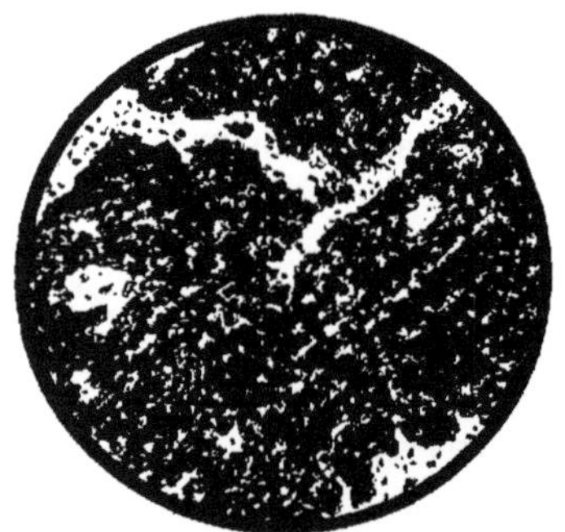

Fig. 85.

Bokkewelite tombée le 30 juin 1880 à Nagaya (République Argentine). On y voit les matières charbonneuses opaques associées à des substances translucides ou transparentes de nature péridotique et pyroxénique.

Voici un tableau synoptique résumant les caractères distinctifs des LITHITES ou pierres météoriques :

TABLEAU SYNOPTIQUE

INDIQUANT LA CARACTÉRISTIQUE DES LITHITES OU PIERRES MÉTÉORIQUES

CONSERVÉES AU MUSÉUM D'HISTOIRE NATURELLE.

LITHITES ou pierres météoriques	contenant du fer métallique	en granules facilement visibles.	Roches monogéniques. Les minéraux essentiels sont :	La bronzite et le péridot; structure très fine			34.	Enxlébénite.
				L'augite et l'enstatite; structure drusique			35.	Sigénite.
				Le péridot et un silicate vitreux			36.	Renazzite.
				Le péridot, la bronzite et l'enstatite; structure...	très fine		37.	Aumalite et Lucéite.
					oolithique		38.	Montréjite et Limerickite.
					vacuolaire		39.	Richmondite.
					granulaire		40.	Tieschite.
				Le péridot, la bronzite, l'enstatite, un silicate noir (fayalite?); structure	uniforme		41.	Tadjérite.
					veinée		42.	Chantonnite.
					oolithique; pâte	foncée	43.	Stawropolite.
						claire	44.	Bélajite.
			Roches polygéniques. Les roches composantes sont :	La chladnite et la pyroxénite			45.	Bustite.
				La lucéite fondamentale et la limerickite fragmentaire			46.	Giovanite.
				La limerickite fondamentale et la lucéite fragmentaire			47.	Mesminite.
				La montréjite et la limerickite			48.	Canellite.
				L'erxlébénite et la montréjite			49.	Banjite.
				L'aumalite et la chantonnite			50.	Laiglite.
				La lucéite, la tadjérite, la chladnite, etc.			51.	Parnallite.
		en granules indiscernables à l'œil nu. Partie pierreuse formée de	bronzite				52.	Chladnite.
			péridot et bronzite				53.	Ornansite.
			péridot, augite, bronzite et anorthite				54.	Howardite.
	ne contenant pas de fer métallique. Partie pierreuse formée de	péridot olivine presque seul					55.	Chassignite.
		anorthite et augite					56.	Eukrite.
		augite et maskelinite					57.	Shergottite.
		péridot et bronzite					58.	Shalkite.
		péridot, augite et diamant					59.	Uréilite.
		péridot, augite et monticellite					60.	Angrite.
		péridot et substance charbonneuse; structure	terreuse				61.	Orgueillite.
			compacte				62.	Bokkewelite.

A la suite des divers types de Météorites dont il vient d'être question, il faut mentionner quelques masses dont la nature météoritique est très douteuse. Ce sont, par ordre de date, celles de : Lœbau (Saxe), 13 janvier 1835; Simonod (Ain), 13 novembre 1835; Igast (Livonie), 17 mai 1855; Namur (Belgique), 1868; et Grazac (Tarn), 10 août 1885. Il faut faire aussi une place aux *Poussières d'origine extra-terrestre* et pénétrant dans l'atmosphère avec le cortège, déjà décrit, de manifestations lumineuses et sonores. A cette catégorie se rattachent peut-être les globules ferrugineux de la neige et des poussières atmosphériques, ainsi que ceux qui ont été rapportés des profondeurs de la mer par les dragages, pendant que d'autres, véritablement fossiles, persistent dans des roches stratifiées de toutes les époques géologiques.

Origine des Météorites. — Il est impossible, dans l'état actuel de la science, d'indiquer avec certitude la région du ciel où se sont constituées les Météorites.

A la suite de la découverte de M. Schiaparelli sur l'origine cométaire des étoiles filantes, démontrée complètement mais exclusivement par des circonstances de périodicité, quelques personnes ont posé en fait que les Météorites ne sont que des étoiles filantes, arrivant au contact du sol avant la combustion intégrale qui dissipe la plupart des météores cosmiques.

Or c'est là une assimilation aussi gratuite que celle en vertu de laquelle, à l'époque de la chute de Lancé (1772), on identifiait le phénomène météoritique à l'explosion de la foudre. Les savants du siècle dernier se fondaient sur la grossière apparence des deux manifestations naturelles, lumière et bruit à travers les airs; aujourd'hui, on est séduit par la circonstance commune aux deux ordres de faits, mais tout à fait accessoire, du passage dans l'atmosphère de globes lumineux. On doit reconnaître que, vu les vitesses planétaires, tout corps étranger pénétrant dans l'atmosphère doit déterminer, par la perte de sa force vive, un dégagement de chaleur et de lumière.

Mais, à côté de cette analogie unique, les traits de dissemblanc abondent[1]. Les étoiles filantes, même les plus grosses, sont silencieuses; les bolides à Météorites sont toujours extrêmement bruyants, et il n'y a aucune transition entre les deux types, ce qui doit tenir à une différence, au moins, dans leur état physique. En second lieu, les étoiles filantes sont périodiques et les Météorites ne le sont pas.

Si les unes et les autres étaient deux formes d'un même phénomène, c'est pendant les pluies d'étoiles filantes qu'il devrait y avoir le plus de chance d'observer la chute des pierres ou des fers. Or il est remarquable que cela n'a pas lieu : jusqu'en 1885, on n'avait jamais vu de Météorite coïncider avec une averse d'étoiles. Le 27 septembre 1885, il tomba cependant à Mazapil, au Mexique, pendant une pluie estimée à 75,000 étoiles filantes à l'heure, une masse de fer de 8 livres anglaises, ayant d'ailleurs tous les caractères ordinaires des Météorites.

Cette rareté est d'autant plus étrange, même dans l'opinion de l'indépendance absolue des deux phénomènes, qu'il tombe de temps en temps de vraies averses de Météorites, donnant jusqu'à 100,000 Météorites, comme on l'a assuré pour le phénomène de Pultusk, en 1869. Or de toutes ces chutes si abondantes, non seulement aucune n'a eu lieu durant une pluie d'étoiles filantes, mais encore aucune ne s'est produite en août ou en novembre, qui sont les époques les plus riches en débris cométaires : Knyahinya est du 9 juin ; Laigle, du 26 avril; Pultusk, du 30 janvier; Mocs, du 3 février; Winnebago, du 2 mai, etc. On ne voit pas pourquoi, d'une manière fortuite, il n'y aurait pas coïncidence des deux ordres de phénomènes; tellement que, si, après l'indépendance tant de fois constatée, il arrivait qu'un jour une averse de Météorites coïncidât avec une grande pluie d'étoiles filantes, on n'aurait aucun droit d'en conclure l'identité de nature et d'origine.

Il est vrai qu'on pourrait essayer d'expliquer la non-conco-

(1) Il ne faut pas, en effet, insister sur les résultats de l'analyse spectrale qui montrent, dans les gaz qu'on dégage des Météorites, la même composition générale que dans la substance des comètes; car cette conformité est commune à tous les corps faisant partie de notre monde astronomique.

mitance des étoiles filantes et des Météorites, en supposant que, les unes et les autres dérivant d'un même tout, leurs dimensions fort différentes ont déterminé un triage entre elles. Mais alors les éléments grossiers ainsi triés, et qui sont les Météorites, devraient manifester, de leur côté, une périodicité qui, pour être différente, ne devrait pas être moins claire que celle des étoiles filantes.

En tout cas, si la communauté d'origine des deux ordres de météores, même supposée réelle, ne se traduit par aucune circonstance constatable, il ne reste aucun motif de l'admettre. La plupart des astronomes qui discutent ces questions n'ont pas étudié en détail la structure des divers types de roches cosmiques. Les conditions extraordinairement complexes que suppose, par exemple, la constitution intime du célèbre fer de Pallas, sont absolument incompatibles avec la supposition d'une origine cométaire et cet argument dispenserait d'en chercher d'autres.

On possède dès maintenant des faits qui prouvent que ces roches cosmiques ne se sont pas produites indépendamment les unes des autres; qu'elles proviennent au contraire d'un gisement commun, où elles étaient en rapports mutuels.

Déjà on a mentionné tout à l'heure les *brèches* résultant de la réunion de fragments rocheux distincts, mélangés et cimentés ensemble. Parmi les Lithites, les types 45 à 51 du Tableau synoptique sont dans ce cas. On connaît des Météorites qui dérivent de types en apparence tout différents, par des opérations métamorphiques comparables à celles qui, sur la Terre, ont transformé la craie en marbre blanc, l'argile en schiste et les débris végétaux en houille et en anthracite.

Parmi les *Météorites métamorphiques*, il convient de citer la *Tadjérite*, la *Stawropolite*, la *Chantonnite*, etc.

On connaît des Météorites vraiment *volcaniques*, étant identiques à nos roches volcaniques terrestres : telles sont les *Eukrites*.

D'autres sont comparables, quant au mode de production, aux roches *éruptives* proprement dites : la *Déesite*, malgré sa nature essentiellement métallique, est dans ce cas.

Il existe des Météorites *filonniennes* et elles sont même très nombreuses : la *Pallasite*, l'*Atacamaïte*, la *Rittersgrunite*, et bien d'autres sont dans ce cas.

Divers échantillons, tels que ceux de Château-Renard et de Girgenti, d'Aumières, sont traversés de lignes fines qui révèlent des surfaces polies et striées, comme les *miroirs* de failles et qui parfois se font mutuellement subir des *rejets*.

La conclusion de ces faits, c'est que le milieu où les Météorites se sont formées a été le théâtre de phénomènes géologiques tout à fait comparables à ceux qui se sont développés sur la Terre.

On est frappé d'ailleurs aussi de l'*analogie des Météorites avec certaines roches terrestres*. Dans divers cas, l'identité est même parfaite : la Chassignite ne diffère pas de la Dunite, l'Eukrite ne diffère pas de certaines laves. Il arrive d'autres fois que la ressemblance est telle, qu'il faut des études très précises pour faire la distinction. Ainsi les roches d'Ovifak ont été prises longtemps pour des Météorites, et plus longtemps encore celles de Niakornak.

Les Météorites pierreuses magnésiennes (*Aumalite, Montréjite*, etc.) n'ont pas de correspondant exact parmi les roches terrestres qui nous sont connues; mais elles ont des traits de ressemblance évidente avec les roches silicatées magnésiennes, telles que les Lherzolithes, les Péridotites, les Pyroxénites, les Serpentines, etc. Des deux côtés, les éléments constitutifs sont les mêmes et la différence tient surtout à une proportion différente d'oxygène. Tandis que, dans les roches terrestres, tous les corps oxydables sont oxydés, quelques-uns d'entre eux sont, au contraire, restés libres dans les Météorites. Aussi suffit-il de fondre, dans une brasque réductrice de charbon, et comme l'a montré M. Daubrée, les roches magnésiennes silicatées, pour obtenir un produit dont la composition chimique (mais nullement la structure) est celle des Lithites ordinaires. On verra dans la Collection une longue série de résultats fournis par des expériences de ce genre.

Jusqu'ici, on n'a rien trouvé parmi les Météorites qui rappelle les roches granitiques ou les roches stratifiées. La composition de la masse noire de Grazac (Tarn) est extrêmement voisine de celles de nos houilles et le microscope y découvre des vestiges de structure organique; mais il est très possible que cette substance ne soit aucunement tombée du ciel et ait été par erreur ramassée sur le sol, comme météoritique, à la suite de l'explosion du bolide du 10 août 1885. Nous l'avons, plus haut, comprise dans un *Appendice* aux Météorites vraies.

Disposition de la collection. — La collection des Météorites du Muséum est exposée dans le meuble situé au milieu de la galerie de Géologie. Quelques gros échantillons, tels que les fers de Caille, de Charcas, de Coahuila et la Météorite alumineuse de Juvinas, sont placés sur des socles indépendants.

Dans les vitrines, les roches météoritiques sont classées minéralogiquement, conformément à la classification résumée dans les tableaux insérés pages 21, 28 et 47.

Dans chaque type, les échantillons sont rangés dans l'ordre chronologique des chutes auxquelles ils appartiennent.

Il est un certain nombre de Météorites qui ne se laissent classer dans un type déterminé qu'à la suite d'une étude très attentive et souvent fort difficile; de sorte que, parfois, la place de ces masses a un peu changé dans la classification. Souvent les échantillons dont on dispose sont très petits et incomplètement caractérisés, et c'est ce qui explique le désaccord constaté plus d'une fois entre les opinions de différents observateurs relativement à une même roche. Si, par exemple, il s'agit de Météorites bréchiformes, il peut se faire que deux minéralogistes disposent de fragments présentant de profondes différences de composition. C'est ainsi, pour citer un exemple entre des quantités d'autres, qu'on peut voir, au Muséum même, à côté du fer type de Brahin, riche en matériaux silicatés (Lithosidérite), un fragment de la même masse entièrement métallique (Sidérite). Semblables circonstances ont pu jusqu'à un certain point, amener des difficultés de concordance entre des collections mutuellement trop distantes pour que les confrontations d'échantillons soient commodes, par exemple entre le Muséum et la collection conservée à Vienne, en Autriche.

La série des échantillons exposés au Muséum est encadrée dans de petites collections qui en sont comme des compléments et lui ajoutent un très vif intérêt. Les unes, qui la précèdent, en sont l'introduction naturelle. Elles comprennent d'abord des échantillons destinés à faire comprendre les *principaux moyens d'étude* dont on fait usage pour parvenir à la connaissance des Météorites. Ce sont des *surfaces artificiellement polies*, montrant à l'œil nu, et mieux encore à la loupe, l'aspect et la situation relative des principaux minéraux entrant dans la constitution des roches qui tombent du ciel. A leur suite, on a placé des lamelles si minces, qu'elles sont transparentes et permettent l'*examen microscopique* en lumière directe, naturelle ou polarisée, des roches au travers desquelles on les a taillées. Les surfaces polies de fer météoritique ont été traitées de diverses façons, afin d'y dessiner les réseaux réguliers connus sous les noms de *figures de Widmannstætten,* tantôt par les acides, comme on le fait généralement, tantôt par des sels métalliques (sulfate de cuivre, bichlorure de mercure), ou par de la potasse fondue; tantôt par des solutions convenables sous l'influence de la pile. Ces dernières méthodes ont procuré des notions spéciales sur la constitution interne des Météorites.

On remarquera aussi des squelettes métalliques extraits des Lithosidérites, soit par l'*étonnement* de leurs éléments pierreux, soit par la dissolution de ceux-ci dans l'acide azotique *fumant*, réactif dans lequel la partie métallique, devenue *passive,* reste sensiblement inaltérée.

Une autre série d'échantillons, qui remplissent toute une armoire, concernent les *caractères généraux* des Météorites, leur *constitution minéralogique,* et ce qu'on est en droit d'appeler leur *géologie*.

Aux caractères généraux des Météorites se rapportent les spécimens destinés à montrer la *vitesse* dont les pierres sont animées au moment de leur chute et qui consistent en un fragment d'argile sur lequel s'est écrasée une pierre d'Orgueil, et une traverse de chemin de fer coupée par la Météorite de New-Concord (Ohio). A côté d'eux, on voit divers exemples de la *forme polyédrique*, quelquefois tabulaire, des Météorites. A cette occasion, nous devons mentionner l'existence au Muséum d'une très importante suite de *moulages* donnant, avec la plus scrupuleuse exactitude, la forme des Météorites dont la Collection ne possède que des fragments. Les divers types de *croûte*, depuis l'écorce mate de l'Aumalite jusqu'au vernis brillant de l'Eukrite, sont représentés. Des cassures fraîches font voir les principaux accidents de *structure*, qui peut, suivant les cas, être uniforme, globulifère, poudingiforme ou bréchiforme. Signalons une hachette d'origine esquimaude exposée pour montrer le *malléabilité* de certaines Sidérites, des barreaux qui permettent d'étudier les singulières propriétés magnétiques du fer de Sainte-Catherine, etc.

Parmi les *minéraux météoritiques* exposés dans la Collection, on citera : le *Fer nickelé* pur, extrait de la Sidérite de Charcas ; — le *Schreibersite* de Toluca, présentant parfois le magnétisme polaire ; — la *Troïlite* en rognons, des Sidérites de Caille, de Cosby's Creek, etc. ; — la *Daubreelite*, de Coahuila ; — la *Lawrencite*, de Rockingam ; — le *Graphite* en rognon, de Sevier ; — le *Diamant* pulvérulent de Nowo-Ureï ; — le *Fer chromé*, de Cohahuila ; — le *Péridot*, de Krasnojarsk ; — l'*Enstatite incolore* (*Victorite*), de Deesa ; — l'*Enstatite brune* (*Bronzite*), de Breitenbach ; — l'*Asmanite*, de cette même masse ; — la *Peckhamite*, d'Emmet County et de Sierra de Chaco ; — le *Breunérite*, d'Orgueil, etc.

La géologie des Météorites est représentée, entre autres échantillons, par des fragments de la pierre de Château-Renard avec des *failles* ; — de celles de Limerick, Salles, Pultusk, Atamaca, avec des *surfaces frottées* ; — de Cangas de Onis, *brèche polygénique* ; — d'Atamaca, de Pallas, *filons concrétionnés* ; — de Deesa, *filon éruptif* ; — de Sainte-Catherine, *roche épigénique* ; — de Chantonnay et de Tadjera, *roches métamorphiques*, etc.

En face de chacun de ces types, qu'on peut appeler géogéniques, sont placées des roches terrestres de même structure et de même origine : *brèche porphyrique* de Giromagny à côté de Cangas; *filon en cocarde* du Harz à côté de Pallas; *basalte à fragments empâtés de granit* à côté de Deesa; *tuf trachytique* à côté de Soko Banja, etc.

Après la collection des types de roches météoritiques, on verra un choix de *roches terrestres les plus analogues*. En tête figurent le fer natif de Niakornak, si longtemps pris pour une Météorite, et les masses d'Ovifak dont l'origine a été l'objet de tant de discussions. Le gisement d'Ovifak est représenté, outre des cartes, des photographies et le moulage de la grosse masse pesant 20,000 kilogrammes, par des échantillons se répartissant entre trois types nettement différents. Les uns, en effet, s'ils étaient d'origine extra-terrestre, se rangeraient parmi les Sidérites; leur poids total est de 12 kilogr. 292, dont 11 kilogr. 575 pour une seule plaque fixée contre le mur de la Galerie. D'autres, pesant ensemble 781 grammes, sont comparables à des Lithites. Enfin un échantillon de 1 kilogr. 080 a la structure caractéristique des Lithosidérites.

A la suite de ces masses se trouvent les laves identiques aux Eukrites, la Dunite identique à la Chassignite, les bitumes volcaniques comparables aux Météorites charbonneuses, enfin la série des roches silicatées magnésiennes, Lherzolithe, Péridotite, Serpentine, etc., qui ne diffèrent, au point de vue chimique, des Lithites les plus fréquentes, que par un excès d'oxygène.

La Collection se termine par une longue série de produits expérimentaux, parmi lesquels nous citerons les résultats fournis par la fusion de nombreuses Météorites sidérites ou lithites; — des culots et des grenailles de fer retirés par réduction de roches terrestres variées; — des essais d'imitation des alliages métalliques météoritiques, soit par la fusion de mélanges convenables, soit par la réduction des chlorures chauffés dans l'hydrogène; — de la pyrrhotine et de la schreibersite artificielles; — les produits de la réduction, par le charbon, des roches silicatées magnésiennes; — ceux de l'oxydation partielle du siliciure de magnésium; — ceux de la réaction mutuelle du chlorure de silicium en vapeur, de l'eau et du magnésium, etc. — On signalera enfin deux séries d'échantillons relatifs, les uns à l'imitation de la structure chondritique, les autres au métamorphisme météoritique.

INDEX BIBLIOGRAPHIQUE.

PRINCIPAUX OUVRAGES CONCERNANT LES MÉTÉORITES.

1586. — CONRAD GESSNER. *De Meteoris.* (Tigur.)

?. . . . — NŒGGERATH. *Mémoire historique et physique sur quelques chutes de pierres tombées à la surface de la terre en différentes époques.* (Orléans.)

1794. — CHLADNI. *Ueber den Ursprung der von Pallas entdeckten Eisenmasse, und einige damit in Verbindung stehende Naturerscheinungen.* (Riga et Leipzig.)

1796. — KING. *Remarks concerning stones said to have fallen from the clouds.* (Londres.)

1802. — HOWARD. *Experiments and observations on certain stones and metallic substances wich, at different times, are said to have fallen from the clouds.* (Transactions de la Société royale de Londres.)

1803. — IZARN. *Des pierres tombées du ciel, ou lithologie atmosphérique.* (Paris.)

1803. — BIOT. *Relation d'un voyage fait dans le département de l'Orne pour constater la réalité d'un météore observé à Laigle, le 26 avril 1803.* (Mémoires de l'Institut de France.)

1804. — B^on DE ENDE. *Ueber Massen unde Steine die aus der Monde auf die Erde gefallenen sind.* (Brunsweig.)

1812. — BIGOT DE MOROGUES. *Mémoire historique et physique sur les chutes des pierres tombées sur la surface de la terre.* (Orléans.)

1812. — WALCH. *Ueber Meteorsteine oder Aeroliten.* (Schleusing.)

1819. — CHLADNI. *Ueber Feuermeteore und über die mit denselben herabgefallenen Massen.* (Vienne.)

1819. — PALASSOU. *Des globes de feu observés dans les pays adjacents des Pyrénées.* (Pau.)

1820. — V. SCHREIBERS. *Beiträge für Geschichte und Kenntniss meteorischer Stein- und Metallmassen.* (Vienne.)

1834. — BENZENBERG. *Die Sternschnuppen sind Steine aus den Mondvulkanen.* (Bonn.)

1843. — PARTSCH. *Die Meteoriten oder vom Himmel Steine und Eisenmassen im K. K. Hofmuseum Kabinette zu Wien.* (Vienne.)

1844. — RONCONI. *Delle Aeroliti.* (Padoue.)

1844. — BROWNE. *An essay on solid meteors and aerolithes.* (Philadelphie.)

1844. — BAUMHAUER. *Dissertatio de ortu lapidum meteoricum.* (Amsterdam.)

1848. — BEINERT. *Ansichten über die Natur der Meteoriten.* (Breslau.)

1850. — A. BOISSE. *Recherches sur l'histoire, la nature et l'origine des aérolithes.* (Rodez.)

1852. — CLARK. *On metallic Meteorites.* (Gœttingue.)

1854. — BARCELLS. *Lithologia meteorica.* (Barcelone.)

1855. — R. P. GREG. *An Essay on Meteorites.* (Manchester.)

1855. — HARRIS. *The chemical constituents of Meteorites.* (Gœttingue.)

1859. — BUCHNER. *Die Feuermeteore insbesondere die Meteoriten historisch- und naturwissenschaftlich betrachtet.* (Giessen.)

1860. — KENNGOTT. *Ueber Meteoriten.* (Zurich.)

1863. — OTTO BUCHNER. *Die Meteoriten in Sammlungen: ihre Geschichte, mineralogische und chemische Beschaffenheit.* (Leipzig.)

1864. — G. ROSE. *Beschreibung und Eintheilung des Meteoriten.* (Berlin.)

1867. — Stanislas MEUNIER. *Géologie comparée; étude descriptive, théorique et expérimentale sur les Météorites.* (Paris.)

1869. — Stanislas MEUNIER. *Recherches sur la composition et la structure des Météorites.* (Paris.)

1870. — DE HAIDINGER. *Ueber das von Herrn Dr. J. Auerbach in Moskau entdeckte Meteoreisen von Tula.* (Vienne.)

1873. — Lawrence SMITH. *Memoir on Meteorites.* (Louisville.)

1874. — TSCHERMAK. *Die Trummestructur der Meteoriten von Orvinio und Chantonnay.* (Vienne.)

1874. — Stanislas MEUNIER. *Cours de géologie comparée, professé au Muséum d'histoire naturelle.* (Paris.)

1875. — N.-S. MASKELYNE. *Some Lectures notes on Meteorites.* (Londres.)

1879. — A. DAUBRÉE. *Études synthétiques de géologie expérimentale.* (Paris.)

1884. — TSCHERMAK. *Die mikroscopische Beschaffenheit der Meteoriten.* (Vienne.)

1884. — STANISLAS MEUNIER. *Météorites* (volume faisant partie de l'*Encyclopédie chimique* de M. Fremy). (Paris.)

1885. — ARISTIDE BREZINA. *Die Meteoritensammlung des K. K. mineralogischen Hofkabinetes in Wien am 1. Mai 1885.* (Vienne.)

1888. — A. DAUBRÉE. *Les régions invisibles du globe et de l'espace céleste.* (Paris.)

1888. — L. FLETCHER. *An Introduction to the study of Meteorites* (Londres.)

1889. — RIZATTI. *Catologo cronologico ragionato dei Meteorite.* (Faenza.)

1889. — STANISLAS MEUNIER. *Recherches expérimentales sur le mode de formation de divers minéraux météoritiques.* (Paris.)

1892. — GREDILLA. *Estudio sobre los Meteoritos.* (Madrid.)

1892. — WULFING. *Meteoriten in Sammlungen.* (Leipzig.)

1893. — STANISLAS MEUNIER. *Revision des fers météoriques de la collection du Muséum.* (Autun.)

1893. — STANISLAS MEUNIER. *Notice historique sur la collection des Météorites du Muséum* (volume commémoratif du centenaire du Muséum. (Paris.)

1894. — STANISLAS MEUNIER. *La géologie comparée* (Bibliothèque scientifique internationale). (Paris.)

1894. — COHEN. *Meteoritenkunde.* (Stuttgard.)

1895. — STANISLAS MEUNIER. *Les Météorites* (collection des aide-mémoire Léauté). (Paris.)

1895. — STANISLAS MEUNIER. *Revision des Lithosidérites de la collection du Muséum.* (Autun.)

1896. — BREZINA. *Die Meteoritensammlung des K. K. naturhistorichen Hofmuseum am 1. Mai 1895.* (Vienne.)

1897. — STANISLAS MEUNIER. *Revision des pierres météoriques de la collection du Muséum.* (Autun.)

LISTE CHRONOLOGIQUE

DES MÉTÉORITES

CONSERVÉES DANS LA COLLECTION DU MUSÉUM

AVEC L'INDICATION DU TYPE LITHOLOGIQUE

AUQUEL CHACUNE D'ELLES APPARTIENT.

NUMÉROS D'ORDRE.	DATES.		LOCALITÉS DE CHUTE OU DE TROUVAILLE.	TYPE LITHOLOGIQUE des DIVERSES MÉTÉORITES.	POIDS.		OBSERVATIONS DIVERSES.
	ANNÉE.	JOUR ET MOIS.			ÉCHANTILLON PRINCIPAL.	TOTAL.	
					grammes.	grammes.	
1	Avant 1430	"	**Elbogen**, Bohême.	Agramite (21)	59	66	N'a été reconnu météorique qu'en 1811.
2	1492	7 novembre.	**Ensisheim**, Colmar, Alsace.	Eukléénite (34)	9,074	9,086	Le gros échantillon provient de Fourcroy.
3	1581	"	**Chupaderos**, Mexique.	Caillite (18)	450	787	Signalé seulement en 1852 par Del Castillo.
4	1600 (env.)	"	**San Gregorio**, Morito, Mexique.	Caillite (18)	48	48	Même observation.
5	1668	21 juin.	**Verone**, Trignano, Vago, Caldeiro, Italie.	Aumalite (37 a)	9	9	Échantillon provenant de Babinet.
6	1730 (env.)	"	**Ogi**, Koshiro, Hizen, Japon.	Montréjite (38 a)	40	40	Échantillon provenant du British Museum.
7	1751	"	**Agram**, Hraschina, Croatie.	Agramite (21)	3	3	Échantillon provenant de Wœhler.
8	1751	"	**Steinbach**, Johanngeorgenstadt, Eibenstock, Saxe.	Rittersgrunite (28)	142	238	Cette localité est représentée, suivant les cas, par Breitenbach, Bohême (1861), et Rittersgrünn, Saxe (1846).
9	1753	3 juillet.	**Tabor**, Plan, Krawin, Strkow, Bohême	Limerickite (38 b)	105	112	
10	1753	7 septembre.	**Luponnas**, Pont-de-Vesle, Bourg, Ain, France.	Chantonnite (42)	65	66	L'échantillon principal nous vient du Musée de la Rochelle; il a fait partie de la collection Trudaine.
11	1763	"	**Siratik**, Bambouk, Sénégal.	Fers indéterminés	24	41	Découverte par Adanson (origine météorique douteuse).
12	1766	Juillet.	**Alboreto**, Modène, Italie.	Montréjite (38 a)	4	4	
13	1768	13 septembre.	**Lucé**, Sarthe, France.	Lucéite (37 b)	1	1	Chute célèbre par le Rapport que lui a consacré Lavoisier et qui conclut à la non-réalité des Météorites.
14	1768	20 novembre.	**Mauerkirchen**, Bavière (ancien' Autriche).	Lucéite (37 b)	197	212	
15	1772	"	**Krasnojarsk**, Medwedewa, Abakansk, Sibérie.	Pallasite (26)	920	1,799	C'est le *fer de Pallas*. Nous avons conservé la date 1772 de sa découverte par ce savant. On le connaissait dans la région depuis 1749.
16	1773	13 novembre.	**Sena**, Sigena, Aragon, Espagne.	Sigénite (35) et Pannallite (51).	58	79	Nos échantillons de la chute de Sena appartiennent à deux types très distincts.
17	1780	"	**Descubridora**, Catorze, Mexique.	Schwetzite (15)	70	95	
18	1783	"	**Campo del Cielo**, Tucuman, Otumpa, République Argentine.	Fers indéterminés	2,270	2,353	C'est le *fer de Rubin de Celis* qui devait peser 15,000 kilogrammes.
19	1784	"	**Toluca**, Xiquipilco, Mexique.	Caillite (18)	1,475	2,872	
20	1784	"	**Prambanan**, Sokrakarta, Java.	Luckportite (16)	1	1	
21	1784	"	**Bendego**, Bahia, Brésil.	Bendegite (6)	345	920	Le bloc de plus de 9,000 kilogrammes n'a été reconnu pour une Météorite qu'en 1811, par Mornay.
22	1785	19 février.	**Eichtädt**, Wittmess, Franken, Bavière.	Lucéite (37 b)	10	10	
23	1787	13 octobre.	**Jigalowka**, Bobrik, Sum, Lebedin, Achtyrk, Charkow, Russie.	Aumalite (37 a)	1	1	
24	1790	24 juillet.	**Barbotan**, Gers, France.	Laiglite (50)	245	274	Cette pierre a été analysée par Vauquelin.
25	1792	"	**Zacatecas**, Mexique.	Caillite (18)	1,050	1,261	Ce fer gisait depuis un temps inconnu dans une rue de Zacatecas. Sonneschmid le signala en 1792.
26	1793	"	**Cap de Bonne-Espérance**, Afrique australe.	Braunite (3)	193	220	Signalé en 1801 par Barrow.
27	1794	16 juin.	**San Giovani d'Asso**, Cesena, Pienza, Lucignano, Sienne, Toscane, Italie.	Giovanite (46)	116	126	Structure bréchiforme très remarquable.
28	1795	13 décembre.	**Wold Cottage**, Great-Driffield, Yorkshire, Angleterre.	Lucéite (37 b)	106	113	Deux petits éclats nous viennent de Howard.

NUMÉROS D'ORDRE.	DATES. ANNÉE.	DATES. JOUR ET MOIS.	LOCALITÉS DE CHUTE OU DE TROUVAILLE.	TYPE LITHOLOGIQUE des DIVERSES MÉTÉORITES.	POIDS. ÉCHANTILLON PRINCIPAL.	POIDS. TOTAL.	OBSERVATIONS DIVERSES.
					grammes.	grammes.	
29	1796	4 janvier.	**Belaja-Zerkwa**, Kiew, Russie	Bélajite (44)	80	80	
30	1798	12 mars.	**Salles**, Villefranche, Lyon, Rhône, France	Chantonnite (42)	1,540	1,746	
31	1798	19 décembre.	**Bénarès**, Krakhut, Jounpoor, Goomty, Bengale, Indes anglaises.	Montréjite (38 a)	14	14	Cet échantillon nous vient de Howard, à qui on doit l'analyse de la Météorite.
32	1801 (env.)	"	**Imilac**, Atacama, Chili	Atacamite (20)	5,666	5,911	Structure concrétionnée remarquable, rappelant celle de nos filons métallifères.
33	1802	"	**Bitburg**, Albacher-Mühle, Prusse rhénane	Fers indéterminés	384	384	Ce fer, que nous devons à Humboldt, a certainement été fondu artificiellement.
34	1803	26 avril.	**Laigle** (la Vassolerie, les Aulnées, la Borne, Bois-la-Ville, Mesle, les Guillemins, la Marcelière, Saint-Nicolas-de-Sommaire, Saint-Pierre-de-Sommaire, Bas-Verne, Fontenil), Orne, France.	Laiglite (50)	6,170	8,649	C'est la *Météorite de Biot*.
35	1803	8 octobre.	**Apt**, Saurette, Vaucluse, France	Aumalite (37 a)	1,000	1,000	Échantillon donné par Chaptal.
36	1803	13 décembre.	**Massing**, Saint-Nicolas, Eggenfeld, Bavière	Montréjite (38 a)	22	22	
37	1804	5 avril.	**High-Possil**, Glasgow, Écosse	Lucéite (37 b)	1	1	
38	1804	24 décembre.	**Hacienda de Bocas**, San Luis Potosi, Mexique	Lucéite (37 b)	9	9	
39	1804	"	**Charcas**, San Luis Potosi, Mexique	Caillite (18)	780,000	780,000	Rapporté au Muséum par l'expédition du Mexique.
40	1804	"	**Rancho de la Pila**, Cacaria, Durango, Mexique.	Caillite (18)	17	21	
41	1805	25 mars.	**Doroninsk**, Yrkoutsk, Sibérie	Chantonnite (42)	1	1	
42	1806	15 mars.	**Alais**, Gard, France	Orgueillite (61)	99	154	L'échantillon principal vient d'Hombre Firmas.
43	1807	13 mars.	**Timoschin**, Jucknow, Smolensk, Russie	Montréjite (38 a)	25	50	
44	1807	14 décembre.	**Weston**, Fairfield, Hartfort, Connecticut, États-Unis.	Limerickite (38 b)	17	34	
45	1808	19 avril.	**Borgo San Donino**, Pieve di Casignano, Parme, Italie.	Montréjite (38 a)	428	428	
46	1808	22 mai.	**Stannern**, Langenspiernitz, Iglau, Moravie, Autriche.	Eukrite (56)	538	784	
47	1808	3 septembre.	**Lissa**, Stratow, Wustra, Bunzlau, Bohême	Lucéite (37 b)	330	340	
48	1808	"	**Niakornak**, Groënland	Fers indéterminés	64	64	Fer d'origine terrestre.
49	1809	"	**Kikina**, Wiasma, Kaluga, Smolensk, Russie	Lucéite (37 b)	5	5	
50	1810	Août.	**Mooresfort**, Tiperary, Irlande	Montréjite (38 b)	25	25	
51	1810	Septembre.	**Chartres**, Eure-et-Loir, France	Aumalite (37 a)	5	5	Confondu parfois à tort avec Charsonville.
52	1810	23 novembre.	**Charsonville**, Orléans, Loiret	Chantonnite (42)	2,000	2,073	
53	1810	"	**Rasgata**, Tocavita, Bogota, Colombie	Fers indéterminés	450	565	
54	1810	"	**Brahin**, Minsk, Russie	Pallasite (26)	135	281	
55	1811	12 mars.	**Kuleschowka**, Romen, Poltawa, Russie	Lucéite (37 b)	12	13	
56	1811	8 juillet.	**Berlanguillas**, Burgos, Castille, Espagne	Aumalite (37 a)	1,000	1,000	Rapporté d'Espagne par le général Dorsenne.
57	1812	10 avril.	**Toulouse**, Haute-Garonne, France	Montréjite (38 b)	121	208	

NUMÉROS D'ORDRE.	DATES.		LOCALITÉS DE CHUTE OU DE TROUVAILLE.	TYPE LITHOLOGIQUE des DIVERSES MÉTÉORITES.	POIDS.		OBSERVATIONS DIVERSES.
	ANNÉE.	JOUR ET MOIS.			ÉCHANTILLON PRINCIPAL.	TOTAL.	
					grammes.	grammes.	
58	1812	15 avril.	**Erxleben**, Helmstadt, Magdebourg, Prusse.....	Erxlébénite (34)....	8	11	
59	1812	5 août.	**Chantonnay**, Vendée, France..............	Chantonnite (42)....	1,330	1,947	L'échantillon principal provient du Musée de Mons.
60	1812	5 septembre.	**Borodino**, Moscou, Russie..................	Chantonnite (42)....	2	2	Tombée en présence de l'armée française assiégeant Moscou.
61	1813	10 septembre.	**Limerick**, Adare, Irlande..................	Limerickite (38 b)...	133	185	
62	1813	13 décembre.	**Luotalaks**, Frederikshavn, Wiborg, Finlande...	Howardite (54).....	12	12	Provient de l'Université d'Helsingfors.
63	1814	23 janvier.	**Scholakoff**, Ekaterinoslaw, Russie..........	Lucéite (37 b)......	0,15	0,15	
64	1814	15 février.	**Bachmut**, Alexejewka, Ekaterinoslaw, Russie....	Lucéite (37 b)......	61	67	Paraît ne pas devoir être confondue avec la précédente.
65	1814	5 septembre.	**Agen**, Lot-et-Garonne, France..............	Chantonnite (42)....	3,977	4,668	
66	1814	"	**Lenarto**, Saros, Hongrie..................	Lenartite (20)......	116	183	
67	1814	"	**Cross-Timber**, Red River, Texas............	Caillite (18).......	25	25	
68	1815	18 février.	**Doralla**, Patyalla-Raja, Umballa, Pundjab, Indes.	Lucéite (37 b)......	3	3	
69	1815	3 octobre.	**Chassigny**, Langres, Haute-Marne, France....	Chassignite (35)....	374	415	
70	1818	10 avril.	**Zaborzycy**, Czartorya, Nowgrod-Wolkynskoï, Zitomir, Staro-Konstantino, Volhynie, Russie.	Lucéite (37 b)......	35	52	On a cherché à distinguer deux chutes sous les noms de Zaborzycy et de Czartorya, mais c'est à tort.
71	1818	18 juin.	**Serès**, Macédoine, Turquie.................	Parnallite (51).....	1	2	
72	1818	10 août.	**Slobodka**, Jucknow, Smolensk, Russie........	Montréjite (38 a)...	49	49	
73	1818	"	**Lockport**, Cambria, Niagara C^o, New-York.....	Lockportite (16)....	160	160	
74	1819	13 juin.	**Jonzac**, Barbezieux, Charente-Inférieure, France.	Eukrite (56).......	186	298	
75	1819	13 octobre.	**Politz**, Gera, Köstritz, Reuss, Allemagne......	Lucéite (37 b)......	7	9	
76	1819	"	**Burlington**, Otsego C^o, New-York...........	Burlingtonite (17)...	72	81	
77	1820	12 juillet.	**Lixna**, Lasdany, Dunaburg, Witebsk, Livonie, Russie.	Chantonnite (42)....	70	83	
78	1821	15 juin.	**Juvinas**, Libonnès, Entraigues, Ardèche, France.	Eukrite (56).......	42,000	42,492	Le Muséum possède la masse principale de cette chute.
79	1822	3 juin.	**Angers**, Le Chouminau, Maine-et-Loire, France.	Lucéite (37 b)......	77	80	
80	1822	21 juin.	**Clohars**, Fouesnant, Quimper, Finistère, France.	Parnallite (51).....	6	6	Chute restée inaperçue jusqu'en 1897.
81	1822	7 août.	**Agra**, Kadonah, Doab, Indes...............	Lucéite (37 b)......	1	1	
82	1822	13 septembre.	**La Baffe**, Épinal, Vosges, France...........	Canellite (48)......	215	249	
83	1822	30 novembre.	**Futtehpore**, Allahabad, Indes..............	Chantonnite (42)....	65	113	
84	1824	15 janvier.	**Renazzo**, Cento, Ferrare, Italie.............	Renazzite (30)......	95	113	L'échantillon principal nous vient du Musée de Bologne.
85	1824	14 octobre.	**Zebrak**, Praskolès, Horzowitz, Beraun, Bohême, Autriche.	Lucéite (37 b)......	1	1	
86	1825	10 février.	**Nanjemoy**, Charles County, Port Tobacco, Annapolis, Maryland, États-Unis.	Lucéite (37 b)......	3	4	
87	1825	14 septembre.	**Honolulu**, Owahu, Wahu, Sandwich, Australie..	Lucéite (37 b)......	12	16	
88	1825	"	**Bois-de-Fontaine**, Meung, Loiret...........	Aumalite (37 a).....	21	21	
89	1826	19 mai.	**Pawlograd**, Mordvinorka, Berdjansk, Ekaterinoslaw, Russie.	Lucéite (37 b)......	118	118	

NUMÉROS D'ORDRE.	DATES.		LOCALITÉS DE CHUTE OU DE TROUVAILLE.	TYPE LITHOLOGIQUE des DIVERSES MÉTÉORITES.	POIDS.		OBSERVATIONS DIVERSES.
	ANNÉE.	JOUR ET MOIS.			ÉCHANTILLON PRINCIPAL.	TOTAL.	
					grammes.	grammes.	
90	1826	19 mai.	**Galapian**, Agen, Lot-et-Garonne, France......	Lucéite (37 *b*)......	45	45	
91	1826	"	**Thunder Bay**, Ontario, États-Unis d'Amérique..	Fers indéterminés....	4	4	
92	1826	"	**Kamtschatka**, Sibérie....................	Atacamite (20)	18	18	C'est le *fer de Kalsebar*.
93	1827	16 février.	**Mhow**, Azim-Gesh, Ghazeepore, Benarès, Allahabad, Indes.	Lucéite (37 *b*)......	7	7	
94	1827	9 mai.	**Drake-Creek**, Sumner County, Nashville, Davidson County, Tennessee, États-Unis.	Lucéite (37 *b*)......	140	141	
95	1827	5 octobre.	**Bialystock**, Knasta, Jasly, Russie............	Howardite (54).....	0,2	0,2	Parcelle donnée par Gustave Rose.
96	1827	"	**Newstead**, Roxburghshire, Écosse............	Fers indéterminés....	236	236	
97	1828	4 juin.	**Richmond**, Chesterfield County, Virginie, États-Unis.	Richmondite (39)....	10	11	
98	1828	"	**Caille**, Alpes-Maritimes....................	Caillite (18).......	625,000	625,000	C'est le *fer de Brard*. Il a dû tomber vers 1600. Les Allemands l'écorchent et écrivent *La Caille*.
99	1829	8 mai.	**Forsyth**, Monroe, Milledgeville, Géorgie, États-Unis.	Lucéite (37 *b*)......	8	10	
100	1829	14 août.	**Deal**, Longbranch, Monmouth County, Freehold, Trenton, New-Jersey, États-Unis.	Lucéite (37 *b*)......	0,5	0,5	
101	1829	"	**Bohumilitz**, Prachin, Bohême..............	Bendegite (6).......	1,585	1,585	
102	1831	13 juillet.	**Vouillé**, Vienne, France..................	Aumalite (37 *a*)....	12,700	14,712	Notre gros échantillon nous a été donné par la ville de La Rochelle.
103	1832	"	**Walker County**, Alabama, États-Unis........	Fers indéterminés ...	62	62	
104	1833	25 novembre.	**Blansko**, Brunner Kreis, Moravie............	Canellite (48)......	2	2	
105	1834	"	**Claiborne**, Chulaffinie, Lime-Creek, Clarke-County, Alabama, États-Unis.	Braunite (3).......	13	13	Donné par le Dr Jackson, qui y a trouvé le chlore.
106	1834	"	**Scriba**, Oswego Cº, New-York...............	Fers indéterminés....	27	27	
107	1835	13 janvier.	**Lœbau**, Saxe..........................	Appendice	"	"	Météorite très douteuse; poids inférieur à 1 gramme.
108	1835	31 janvier.	**Mascombes**, Corrèze, France...............	Lucéite (37 *b*)......	385	582	
109	1835	1er août.	**Charlotte**, Dickson Cº, Tennessee............	Dicksonite (12).....	72	72	
110	1835	4 août.	**Aldsworth**, Cirencester, Angleterre..........	Laiglite (50).......	11	11	
111	1835	13 novembre.	**Simonod**, Ain, France, Belmont	Appendice	1	1	Météorite très douteuse.
112	1835	"	**Black Mountains**, Buncombe Cº, Caroline du Nord, États-Unis.	Fers indéterminés....	5	5	
113	1836	14 septembre.	**Aubres**, Nyons, Drôme, France.............	Bustite (45)........	9	9	
114	1836	2 novembre.	**Macao**, Rio Assu, Rio Grande do Norte, Brésil..	Bélagite (44)......	86	104	
115	1836	"	**Brazos**, Wichita Cº, Texas, États-Unis........	Arvaïte (7)........	96	96	
116	1837	24 juillet.	**Gross-Divina**, Budetin, Trentschin, Hongrie, Autriche.	Sigénite (35).......	260	260	
117	1838	29 janvier.	**Kaee**, Sandee, Hurdoï, Oude, Indes anglaises....	Limerickite (38 *b*)...	1	1	
118	1838	18 avril.	**Akhurpur**, Cawnpore, Saharanpur, Indes anglaises.	Chantonnite (42)....	21	21	
119	1838	6 juin.	**Chandakapur**, Berar, Indes anglaises.........	Montréjite (38 *a*)...	5	5	

NUMÉROS D'ORDRE.	DATES. ANNÉE.	DATES. JOUR ET MOIS.	LOCALITÉS DE CHUTE OU DE TROUVAILLE.	TYPE LITHOLOGIQUE des DIVERSES MÉTÉORITES.	POIDS. ÉCHANTILLON PRINCIPAL.	POIDS. TOTAL.	OBSERVATIONS DIVERSES.
					grammes.	grammes.	
120	1838	22 juillet.	**Montlivault**, Loir-et-Cher, France.	Lucéite (37 *b*)	500	500	Météorite ignorée jusqu'en 1870 et qui nous a été généreusement donnée par M. Blondin.
121	1838	13 octobre.	**Cold Bokkeweldt**, Cap de Bonne-Espérance, Afrique australe.	Bokkewelite (62)	722	724	Le gros échantillon nous a été offert par Herschel et Maclear.
122	1839	13 février.	**Little Piney**, Pine Bluff, Waynesville, Jefferson City, Pulasky, Missouri, États-Unis.	Montréjite (38 *a*)	14	14	
123	1839	"	**Ashville**, Baird's Farm, Buncombe C°, Caroline du Nord.	Aumalite (21)	4	4	
124	Av. 1840	"	**Abo**, Finlande, Russie.	Montréjite (38 *a*)	0,3	0,3	Nous n'avons aucune donnée relative à la chute.
125	1840	27 avril.	**Karakol**, Steppes des Kirghises, bord de la mer Caspienne, Russie.	Lucéite (37 *b*)	0,15	0,15	
126	1840	12 juin.	**Uden**, Staartje, Vœdkel, Brabant septentrional, Hollande.	Lucéite (37 *b*)	0,4	0,4	
127	1840	17 juillet.	**Cereseto**, Casale, Monteferrato, Piémont, Italie.	Aumalite (37 *a*)	3	3	
128	1840	"	**Cosby's Creek**, Cocke C°, Tennessee.	Fers indéterminés.	55	55	
129	1840	"	**Hemalga**, Tarapaca, Calcahuyao, Chili.	Désite (25)	135	150	
130	1840	"	**Smith Land**, Livingstone C°, Kentucky.	Braunite (3)	75	75	
131	1840	"	**Petropawlovsk**, Mrass, Tomsk, Sibérie.	Arvaïte (7)	12	12	
132	1841	22 mars.	**Grüneberg**, Seifersholz, Heinrichsau, Silésie, Allemagne.	Limerickite (38 *b*)	40	44	
133	1841	12 juin.	**Château-Renard**, Montargis, Triguères, Loiret, France.	Chantonnite (42)	1,000	1,344	
134	1842	26 avril.	**Milena**, Posinsko-Selo, Warasdin, Croatie, Autriche.	Lucéite (37 *b*)	10	20	L'un de nos échantillon nous vient de Wœhler.
135	1842	4 juin.	**Aumières**, Lozère, France.	Lucéite (37 *b*)	1,374	1,374	Donné par le Musée de Rodez.
136	1842	4 juillet.	**Barea**, Logrono, Espagne.	Logronite (31)	25	44	
137	1843	25 mars.	**Bishopville**, Sumterville, Caroline du Sud, États-Unis.	Chladnite (52)	35	56	Notre échantillon vient de Shepard à qui est due la première description.
138	1843	2 juin.	**Utrecht**, Blaauw-Kapel, Lœwœnhoutze, Hollande.	Montréjite (38 *a*)	24	24	
139	1843	16 septembre.	**Klein-Wenden**, Münschenlohra, Nordhausen, Bleicherode, Erfurth, Thuringe, Allemagne.	Erxlébénite (34)	0,4	0,4	
140	1843	12 novembre.	**Werchne-Tschirskaja-Stanitza**, Don, Russie.	Limerickite (38 *b*)	15	15	
141	1843	"	**Oaxaca**, Mexique.	Caillite (18)	87	87	
142	1844	11 janvier.	**Dolores-Hidalgo**, Cerro-Cosina, San Miguel, Guanaxuato, Mexique.	Sigénite (35)	130	130	
143	1844	9 avril.	**Killeter**, Castlederg, Tyrone, Irlande.	Lucéite (37 *b*)	0,5	0,5	
144	1844	21 octobre.	**Favars**, Laissac, Aveyron, France.	Aumalite (37 *a*)	359	430	Échantillons donnés par M. Boisse.
145	1844	"	**Babb's Mill**, Green County, Tennessee, États-Unis.	Braunite (3)	55	55	On l'inscrit parfois en 1842.

NUMÉROS D'ORDRE.	DATES.		LOCALITÉS DE CHUTE OU DE TROUVAILLE.	TYPE LITHOLOGIQUE des DIVERSES MÉTÉORITES.	POIDS.		OBSERVATIONS DIVERSES.
	ANNÉE.	JOUR ET MOIS.			ÉCHANTILLON PRINCIPAL.	TOTAL.	
					grammes.	grammes.	
146	1844	"	**Arva**, Szlanicza, Magura, Hongrie, Autriche....	Arvaïte (7)........	175	320	Nous adoptons la date indiquée par Rose.
147	1845	25 janvier.	**Louans**, Le Pressoir, Indre-et-Loire, France....	Montréjite (38 a)...	101	101	
148	1845	Mai.	**Deniliquin**, Baratta, Nouvelle-Galles du Sud....	Tadjérite (41)......	15	15	Échantillons donnés par M. Liversidge.
149	1845	14 juillet.	**La Tailleul**, La Vivionnière, Manche, France	Howardite (56)	350	467	Chute ignorée jusqu'en 1878.
150	1845	"	**Caryford**, De Kalb County, Tennessee, États-Unis.	Arvaïte (7)........	115	115	
151	1845	"	**Sevier County**, Tennessee..................	Arvaïte (7)........	2,666	2,666	Remarquable par l'abondance du graphite.
152	1846	8 mai.	**Monte-Milone**, Macerata, Tolentino, Italie.....	Aumalite (37 a).....	160	161	
153	1846	14 août.	**Cape Girardeau**, Missouri, États-Unis.........	Lucéite (37 b)......	64	64	Donné par Dana.
154	1846	25 décembre.	**Schœnenberg**, Pfaffenhausen, Mindelheim, Bavière, Allemagne.	Lucéite (37 b)......	41	41	
155	1846	"	**Assam**, Indes anglaises......................	Canellite (48)......	41	41	
156	1846	"	**Toula**, Netschaewo, Russie...................	Toulite (24).......	74	166	
157	1846	"	**Tuczon**, Cañada de Hierro, Sonora, Mexique...	Tucsonite (8)......	3,080	3,112	Appartient à une série de blocs dont les premiers ont été découverts au XVIIe siècle.
158	1846	"	**Carthago**, Smith-County, Tennessee, États-Unis..	Caillite (18).......	1,550	1,790	
159	1847	"	**Rockingham C°**, Deep-Springs, Caroline du Nord.	(?)...............	"	"	Nous n'avons de ce fer qu'un échantillon de protochlorure de fer extrait par Smith.
160	1847	26 février.	**Linn-County**, Hartford, Iowa-City, Iowa, États Unis.	Lucéite (37 b)......	103	146	
161	1847	14 juillet.	**Braunau**, Hauptmannsdorf, Bohême, Autriche...	Braunite (3).......	278	454	
162	1847	"	**Seelasgen**, Brandebourg, Prusse............	Bendegite (6).......	90	127	
163	1847	"	**Murfreesboro**, Rutherford C°, Tennessee, États-Unis.	Caillite (18).......	120	202	
164	1847	"	**Chesterville**, Chester C°, Caroline du Sud, États-Unis.	Braunite (3).......	46	88	
165	1848	20 mai.	**Castine**, Hancock County, Augusta, Maine, États-Unis.	Lucéite (37 b)......	0,1	0,1	
166	1848	4 juin.	**Montignac**, Marmande, Lot-et-Garonne........	Montréjite (38 a)...	0,1	0,1	Nous devons cette parcelle à M. de Mouroy.
167	1848	27 décembre.	**Ski**, Krogstadt, Akersuus, Norvège............	Lucéite (37 b)......	1	1	
168	1849	31 octobre.	**Cabarras**, Monroë, Concorde, Charlotte, Meckenbourg, Caroline du Nord, États-Unis.	Erxlébénite (34)....	37	42	
169	1850	13 juin.	**Kesen**, Iwate, Japon......................	Aumalite (37 a).....	60	60	
170	1850	30 novembre.	**Shalka**, Bissempore, Bancoora, Bengale, Indes..	Shalkite (58)......	5	8	
171	1850	"	**Seneca Falls**, New-York, États-Unis.........	Caillite (18).......	45	45	
172	1850	"	**Monts Ruffs**, Lexington C°, Caroline du Sud, États-Unis.	Caillite (18).......	190	190	
173	1850	"	**Salt River**, Kentucky, États-Unis............	Braunite (3).......	34	34	
174	1850	"	**Santa Rosa**, Coahuila, Mexique.............	Braunite (3).......	13	22	Rapproché parfois de Coahuila (1855), qui est cependant d'un type différent.
175	1851	17 avril.	**Gutersloh**, Minden, Westphalie, Allemagne....	Canellite (48)......	12	12	

NUMÉROS D'ORDRE.	DATES.		LOCALITÉS DE CHUTE OU DE TROUVAILLE.	TYPE LITHOLOGIQUE des DIVERSES MÉTÉORITES.	POIDS.		OBSERVATIONS DIVERSES.
	ANNÉE.	JOUR ET MOIS.			ÉCHANTILLON PRINCIPAL.	TOTAL.	
					grammes.	grammes.	
176	1851	5 novembre.	**Nullès**, Brafim, Villabella, Tarragona, Barcelone, Catalogne, Espagne.	Chantonnite (42)….	130	163	Notre bel échantillon vient de l'Académie des sciences de Madrid.
177	1851	"	**Quinçay**, Vienne, France….	Laiglite (50)….	10	10	
178	1851	"	**Ainsa Tuczon**, Sonora, Mexique….	Fers indéterminés….	68	68	C'est le «Fer annulaire».
179	1852	23 janvier.	**Nellore**, Yaloor, Madras, Indes….	Montréjite (38 a)….	62	62	
180	1852	4 septembre.	**Mezo-Madaras**, Transylvanie, Autriche….	Parnallite (51)….	262	298	
181	1852	2 décembre.	**Busti**, Gorukpore, Fysabad, Indes anglaises….	Bustite (45)….	12	12	
182	1852	13 décembre.	**Borkut**, Marmarosch, Hongrie….	Sigénite (35)….	8	8	
183	1852	"	**Mayence**, Hesse, Allemagne….	Chantonnite (42)….	40	41	
184	1852	"	**Turon-Rivière**, Nouvelle-Galles du Sud, Australie.	Fers indéterminés….	6	6	L'authenticité en est contestée.
185	1853	10 février.	**Girgenti**, Sicile, Italie….	Chantonnite (42)….	367	474	
186	1853	6 mars.	**Soojoolee (ou Segowlee)**, Chumparun, Bengale, Indes.	Bélajite (44)….	9	9	
187	1853	"	**Tazewell**, Knoxville, Nashville, Clayborne C°, Tennessee, États-Unis.	Tazewellite (13)….	223	320	
188	1853	"	**Campbell C°**, Tennessee, États-Unis….	Fers indéterminés….	8	8	
189	1853	"	**Lion-Rivière**, pays des Namaquois, Afrique australe.	Dicksonite (12)….	38	38	
190	1854	"	**Werchne-Udinsk**, Niro, Witim, Sibérie….	Schwetzite (15)….	176	278	
191	1854	"	**Octibbeha C°**, Mississipi, États-Unis….	Octibbehite (1)….	1	1	
192	1854	"	**Union County**, Géorgie, États-Unis….	Nelsonite (5)….	47	73	
193	1854	"	**Sarepta**, Saratow, Russie….	Arvaïte (7)….	666	995	
194	1854	"	**Jewell Hill**, Madison C°, Caroline du Nord, États-Unis.	Jewellite (9)….	79	104	
195	1854	"	**Madoc**, Haut-Canada….	Madocite (10)….	112	112	
196	1854	"	**Putnam**, Géorgie, États-Unis….	Dicksonite (12)….	21	26	
197	1855	11 mai.	**Moustel Pank**, Kaande, île d'Oesel, Livonie, Russie.	Lucéite (37 b)….	4	4	
198	1855	13 mai.	**Bremerworde**, Gnarrenburg, Hanovre….	Parnallite (51)….	20	20	
199	1855	17 mai.	**Igast**, Livonie, Russie….	Appendice….	45	46	Authenticité très douteuse.
200	1855	7 juin.	**Saint-Denis-Westrem**, Gand, Belgique….	Lucéite (37 b)….	1	1	
201	1855	5 août.	**Petersburgh**, Lincoln County, Tennessee, États-Unis.	Howardite (54)….	13	14	
202	1855	"	**Coahuila**, Bolson de Mapimi, Mexique….	Coahuilite (4)….	250,000	257,850	C'est le fer de «Butcher». Tous nos échantillons nous ont généreusement été donnés par Lawrence Smith.
203	1856	5 août.	**Oviedo**, Asturies, Espagne….	Lucéite (37 b)….	14	14	
204	1856	12 novembre.	**Trenzano**, Brescia, Piémont, Italie….	Sigénite (35) et Parnallite (51).	36 2	36 2	
205	1856	"	**Nelson**, Kentucky, États-Unis….	Nelsonite (5)….	2,410	4,568	

NUMÉROS D'ORDRE.	DATES.		LOCALITÉS DE CHUTE OU DE TROUVAILLE.	TYPE LITHOLOGIQUE des DIVERSES MÉTÉORITES.	POIDS.		OBSERVATIONS DIVERSES.
	ANNÉE.	JOUR ET MOIS.			ÉCHANTILLON PRINCIPAL.	TOTAL.	
					grammes.	grammes.	
206	1856	//	**Orange Rivière**, Afrique australe	Caillite (18)	21	21	
207	1856	//	**Hainholz**, Paderborn, Minden, Westphalie, Allemagne.	Logronite (31)	13	49	
208	1856	//	**Marshall County**, Kentucky, États-Unis	Caillite (18)	171	171	
209	1856	//	**Denton C°**, Texas, États-Unis	Caillite (18)	73	73	
210	1857	28 février.	**Parnallee**, Madras, Indes anglaises	Parnallite (51)	350	482	Notre plus beau spécimen nous vient de Lawrence Smith.
211	1857	24 mars.	**Stawropol**, Caucase, Russie	Stawropolite (43)	19	19	
212	1857	1er avril.	**Hérédia**, San José, Costa Rica	Canellite (48)	44	49	
213	1857	15 avril.	**Kaba**, Debreczin, Hongrie	Bokkeveldite (62)	1	1	
214	1857	4 octobre.	**Les Ormes**, Joigny, Yonne, France	Lucéite (37 b)	94	94	Don du Musée d'Auxerre.
215	1857	10 octobre.	**Ohaba**, Veresegyhaza, Carlsbourg, Blasendorf, Transylvanie.	Limerickite (38 b)	170	170	
216	1857	27 décembre.	**Pégu**, Quenngouck, Burmah, Indes anglaises	Montréjite (38 a)	74	184	
217	1857	//	**Schwetz**, Marienwerder, Prusse	Schwetzite (15)	61	61	
218	1857	//	**Springbock-Rivière**, Colonie du Cap, Afrique australe.	Fers indéterminés	0 5	0 5	
219	1857	//	**Macquaire Rivière**, Australie	Logronite (31)	1	1	
220	1857	//	**Miney** (ou **Mincy**), Taney C°, Missouri (Newton County, Arkansas).	Logronite (31)	209	209	La Météorite de Newton County coïncide avec celle de Miney.
221	1858	19 mai.	**Kakowa**, Orawitza, Kraschow, Temès, Hongrie	Lucéite (37 b)	1	1	
222	1858	9 décembre.	**Montréjeau**, Ausson, Clarac, Haute-Garonne, France.	Montréjite (38 a)	945	1,703	
223	1858	24 décembre.	**Murcie**, Molina, Espagne	Chantonnite (42)	39	39	Donné par le Musée des sciences de Madrid.
224	1858	//	**Rincon de Caparosa**, Guerrero, Mexique	Arvaïte (7)	16	16	
225	1858	//	**Yarra-Yarra**, Victoria, Australie	Fers indéterminés	20	20	
226	1858	//	**Atacama-Bolivie**, Bolivie	Fers indéterminés	5	5	
227	1858	//	**Nebraska**, États-Unis	Caillite (18)	4	4	
228	1859	26 mars.	**Harrison**, Indiana, États-Unis	Montréjite (38 a)	10	17	
229	1859	4 avril.	**Mexico**, Pampanga, Îles Philippines	Chantonnite (42)	115	115	Donné par Casiano de Prado.
230	1859	Mai.	**Beuste**, Pau, Basses-Pyrénées, France	Chantonnite (42)	66	66	Nom écorché dans les catalogues allemands où on lit : Bueste.
231	1859	//	**Wooster**, Wayne C°, Ohio, États-Unis	Burlingtonite (17)	4	5	
232	1860	2 février.	**Alexandrie**, San Giuliano Vecchio, Piémont, Italie.	Chantonnite (42)	52	52	
233	1860	1er mai.	**New-Concord**, Cambridge, Guernesey County, Ohio, États-Unis d'Amérique.	Aumalite (37 a)	1,005	1,630	Le gros spécimen a été donné par Lawrence Smith.
234	1860	//	**Lagrange**, Oldham C°, Kentucky, États-Unis	Jewellite (9)	370	370	

NUMÉROS D'ORDRE.	DATES.		LOCALITÉS DE CHUTE OU DE TROUVAILLE.	TYPE LITHOLOGIQUE des DIVERSES MÉTÉORITES.	POIDS.		OBSERVATIONS DIVERSES.
	ANNÉE.	JOUR ET MOIS.			ÉCHANTILLON PRINCIPAL.	TOTAL.	
					grammes.	grammes.	
235	1860	"	**Coopertown**, Robertson C°, Tennessee, États-Unis.	Caillite (18).......	194	296	
236	1861	12 mai.	**Butsura**, Piprassi, Bulloah, Qutahar-Bazar, Chireya, Goruckpore, Indes anglaises.	Bélajite (44).......	19	19	
237	1861	17 mai.	**Villanova de Sitjes**, Canellas, Catalogne, Espagne.	Canellite (48)......	148	237	Structure bréchiforme très remarquable.
238	1861	28 juin.	**Grosnaja**, Mikenskojo, Terek, Caucase, Russie...	Renazzite (36)......	39	44	
239	1862	7 octobre.	**Klein-Meno**, Furstenberg, Alt-Strelitz, Mecklembourg, Allemagne.	Erxlébénite (34)....	113	113	
240	1862	1er novembre.	**Séville**, Andalousie, Espagne................	Montréjite (38 a)...	3	3	
241	1862	"	**Kokomo**, Howard C°, Indiana, États-Unis.......	Octibbehite (1).....	58	64	
242	1862	"	**Victoria-West**, Cap de Bonne-Espérance......	Jeknite (11)........	98	98	
243	1862	"	**Sierra de Chaco**, Vaca Muerta, Atacama, Chili..	Logronite (31)......	12,000	13,196	Nous devons nos principaux échantillons à Domeyko.
244	1863	16 mars.	**Rutlam**, Pulsora, Malwa, Indore, Indes anglaises.	Renazzite (36)......	143	143	
245	1863	2 juin.	**Buschoff**, Scheikahr-Stattan, Jacobstadt, Courlande, Russie.	Lucéite (37 b)......	52	52	
246	1863	8 août.	**Pillistfer**, Fellin, Livonie, Russie...........	Erxlébénite (34)....	11	11	
247	1863	11 août.	**Shytal**, Madhopur, Dacca, Bengale, Indes anglaises.	Chantonnite (42)....	5	5	
248	1863	7 décembre.	**Tourinnes-la-Grosse**, Tirlemont, Belgique....	Aumalite (37 a).....	1,300	1,300	
249	1863	22 décembre.	**Manbhoom**, Cossipore, Pandra, Bengale, Indes anglaises.	Bakite (49).......	89	94	Don du Geological Museum de Calcutta.
250	1863	"	**Dacotah**, Territoire indien, États-Unis.........	Braunite (3).......	103	103	
251	1863	"	**Saint-François County**, Farmington, Missouri..	Arvaïte (7)........	37	48	
252	1863	"	**Russel Gulch**, Gilpin C°, Colorado, États-Unis..	Caillite (18).......	179	184	
253	1864	12 avril.	**Nerft**, Pohgel, Swajahn, Courlande, Russie.....	Aumalite (37 a).....	628	673	
254	1864	14 mai.	**Orgueil**, Castel-Sarrazin, Tarn-et-Garonne, France.	Orgueillite (61)....	8,000	9,276	Le gros échantillon est entièrement recouvert de sa croûte originelle.
255	1864	26 juin.	**Dolgowola**, Lazk, Volhynie, Russie..........	Lucéite (37 b)......	100	108	
256	1864	"	**Obernkirchen**, Brückeberg, Schaumburglippe, Allemagne.	Jewellite (9).......	110	110	
257	1864	"	**Nejed**, Wadee-Banee-Khaled, Arabie centrale....	Bendegite (6)......	58	80	
258	1865	19 janvier.	**Mouza-Khoorna**, Bulnowly, Indigo factory, Supubée, Goruckpore, Indes anglaises.	Mesminite (47).....	20	24	
259	1865	26 mars.	**Claywater**, Vernon County, Wisconsin, États-Unis.	Erxlébénite (34)....	66	66	
260	1865	23 mai.	**Gopalpur**, Jessore, Bagirhat, Bengale, Indes anglaises.	Montréjite (38 a)...	58	58	

NUMÉROS D'ORDRE.	DATES.		LOCALITÉS DE CHUTE OU DE TROUVAILLE.	TYPE LITHOLOGIQUE des DIVERSES MÉTÉORITES.	POIDS.		OBSERVATIONS DIVERSES.
	ANNÉE.	JOUR ET MOIS.			ÉCHANTILLON PRINCIPAL.	TOTAL.	
					grammes.	grammes.	
261	1865	25 août.	**Aumale**, Senhadja, Constantine, Algérie	Aumalite (37 *a*)	6,718	9,559	
262	1865	25 août.	**Shergotty**, Umjhiawar, Behar, Bengale, Indes anglaises.	Shergottite (57)	91	91	Échantillon donné par M. Maskelyne, qui a fait l'étude de la pierre.
263	1865	21 septembre.	**Muddoor**, Taluk, Mysore, Madras, Indes anglaises.	Montréjite (38 *a*)	67	67	
264	1865	"	**Dellys**, Algérie	[illegible] (17)	63	76	Ce fer, extrêmement rare, nous vient de feu M. Ludovic Ville.
265	1866	Avril.	**Udipi**, Canara, Indes anglaises	Montréjite (38 *a*)	51	51	
266	1866	23 mai.	**Pokra**, Busti, Indes	Sigénite (35)	13	13	
267	1866	30 mai.	**Saint-Mesmin**, Aube, France	Mesminite (47)	4,200	6,229	Le plus gros échantillon a été donné par feu M. Sauvage.
268	1866	9 juin.	**Knyahinya**, Unghvar, Hongrie	Laiglite (50)	3,900	8,515	
269	1866	6 décembre.	**Cangas de Onis**, Elgueros, Oviedo, Santander, Espagne.	Mesminite (47)	1,970	2,155	
270	1866	"	**Chili** (localité non précisée)	Braunite (3)	275	275	Donnée par Domeyko.
271	1866	"	**Brésil** (localité non précisée)	Fers indéterminés	2	2	
272	1866	"	**Juncal**, Pedernal, Paypote, Cordillère des Andes, Chili.	Caillite (18)	101,000	101,000	Bloc entier recueilli au sommet de la Cordillère, où on l'avait pris pour un minerai d'argent.
273	1866	"	**Deesa**, Santiago, Chili	Déesite (25)	9,500	13,885	Météorite spécialement intéressante par son histoire géologique.
274	1866	"	**Bear Creek**, Aerolopos, Colorado, États-Unis	Caillite (18)	39	59	
275	1866	"	**Franklyn County** Franckfort, Kentucky, États-Unis.	Thunbite (19)	197	347	
276	1867	19 janvier.	**Khetree**, Saonlod, Rajpootana, Indes anglaises	Canellite (48)	6	6	
277	1867	9 juin.	**Tadjéra**, Gudijell, Sétif, Algérie	Tadjérite (41)	5,760	7,719	C'est le type des Météorites métamorphiques.
278	1867	"	**Losttown**, Cherokee County, Géorgie, États-Unis.	Lockportite (16)	10	10	
279	1867	"	**Allen County**, Scottsville, Kentucky, États-Unis	Braunite (3)	50	50	
280	1867	"	**San Francisco del Mesquital**, Mexique	Fers indéterminés	180	175	Donné par le général Castelnau.
281	1867	"	**Auburn**, Macon County, Alabama, États-Unis	Fers indéterminés	46	53	
282	1868	30 janvier.	**Pultusk**, Ostrolenka, Obrytte, Siele, Narew, Pologne, Russie.	Chantonnite (42)	2,500	29,787	La chute a fourni des milliers de pierres.
283	1868	29 février.	**Motta dei Conti**, Novara, Villanova, Casale, Alexandrie, Piémont, Italie.	Montréjite (38 *a*)	13	19	
284	1868	20 mars.	**Daniels Kuil**, Grigna, Afrique australe	Sigénite (35)	31	31	
285	1868	3 avril.	**Tomhannock Creek**, Rensslaer, New-York, États-Unis.	Logronite (31)	5	5	Indiquée parfois par erreur sous le nom d'*Iron Back Creek*.
286	1868	22 mai.	**Slavetic**, Agram, Jaska, Croatie	Limerickite (38 *b*)	32	32	
287	1868	Juin.	**Pnompehn**, Cambodge, Cochinchine	Montréjite (38 *a*)	41	41	Météorite extrêmement rare.
288	1868	11 juillet.	**Ornans**, Lavaux, Doubs, France	Ornansite (53)	2,685	3,708	
289	1868	8 septembre.	**Sauguis-Saint-Étienne**, Mauléon, Basses-Pyrénées, France.	Lucéite (37 *b*)	10	150	
290	1868	24 novembre.	**Danville**, Alabama, États-Unis	Chantonnite (41)	14	14	

NUMÉROS D'ORDRE.	DATES.		LOCALITÉS DE CHUTE OU DE TROUVAILLE.	TYPE LITHOLOGIQUE des DIVERSES MÉTÉORITES.	POIDS.		OBSERVATIONS DIVERSES.
	ANNÉE.	JOUR ET MOIS.			ÉCHANTILLON PRINCIPAL.	TOTAL.	
					grammes.	grammes.	
291	1868	1er décembre.	**Lodran**, Multan, Indes anglaises.	Lodranite (33)	36	36	
292	1868	5 décembre.	**Franckfort**, Tuscumbia, Franklyn County, Alabama, États-Unis.	Howardite (54)	94	94	
293	1868	22 décembre.	**Motecka-Nugla**, Ghoordha, Biana, Bhurtpur, Rajeputanah, Indes.	Erxlébénite (34)	138	142	
294	1868	"	**Goalpara**, Assam, Indes.	Renazzite (36)	0 7	0 7	
295	1868	"	**Namur**, Belgique	Douteuse	1	1	
296	1869	1er janvier.	**Hessle**, Arnö, Hafleviken, Upsal, Suède	Montréjite (38 a)	191	452	Nos échantillons nous viennent de l'Université d'Upsal.
297	1869	20 janvier.	**Angra dos Reis**, Rio de Janeiro, Brésil.	Angrite (60)	3	3	Don de M. Orville-Derby.
298	1869	5 mai.	**Krahenberg**, Bavière, Allemagne.	Montréjite (38 a)	2	2	
299	1869	23 mai.	**Kernouve**, Cleguerec, Vannes, Morbihan, France.	Erxlébénite (34)	15,000	15,000	Ce bloc représente presque toute la météorite recueillie.
300	1869	19 septembre.	**Tjabé**, Bodjo-Negoro, Padangan, Java, Indes néerlandaises.	Erxlébénite (34)	118	118	
301	1869	Septembre.	**Yorktown**, New-York, États-Unis.	Montréjite (38 a)	1	1	
302	1869	"	**Werchnedjeprowsk**, Ekaterinoslaw, Russie	Fers indéterminés	2	2	
303	1869	"	**Shingle-Springs**, El Dorado Cº, Californie, États-Unis.	Fers indéterminés	70	70	
304	1869	"	**Trenton**, Milwaukee, Washington Cº, Wisconsin, États-Unis.	Caillite (18)	600	961	
305	1869	"	**Staunton**, Augusta, Virginie, États-Unis	Caillite (18)	1,800	2,780	Donnée par M. Dana.
306	1869	"	**Salt-Lake-City**, Echo, Utah, États-Unis.	Parnallite (51)	14	14	
307	1870	23 janvier.	**Nedagolla**, Inirambi, Vizapatam, Indes anglaises.	Fers indéterminés	6	6	
308	1870	14 juin.	**Laborel**, Drôme, France	Montréjite (38)	37	38	L'échantillon nous vient de M. de Mauroy.
309	1870	18 août.	**Cabezzo de Mayo**, Rancho de la Pila, Juncal, Murcie, Espagne.	Lucéite (37 b)	76	76	
310	1870	"	**Mac-Kinney**, Collen Cº, Texas, États-Unis.	Tadjérite (41)	629	629	Cette pierre, tombée en 1870, n'a été trouvée qu'en 1872.
311	1870	"	**Ovifak**, île de Disco, Groënland.	Fers indéterminés	11,575	14,153	Fer d'origine terrestre.
312	1871	21 mai.	**Searsmont**, Waldo Cº, Maine, États-Unis	Montréjite (38 a)	22	36	
313	1871	(Au printemps?)	**Roda**, Huesca, Aragon, Espagne	Shalkite (58)	125	125	
314	1871	10 décembre.	**Bandong**, Java.	Mesminite (47)	2,000	2,000	Cadeau du gouverneur général des Indes néerlandaises.
315	1871	"	**Bacubirito**, Sinaloa, Mexique	Fers indéterminés	17	17	
316	1872	28 juin.	**Tennasilm**, Sikkensaare, Esthonie, Russie.	Limerickite (38 b)	44	58	
317	1872	23 juillet.	**Autbon**, Laucé, Pont-Loiselle, Prunay, Loir-et-Cher.	Stawropolite (43)	628	1,372	
318	1872	13 octobre.	**Soko-Banja**, Serbie.	Banjite (49)	1,850	1,850	Par feu le professeur Pancitch.
319	1872	31 octobre.	**Orvinio**, Canemorto, Rome, Italie.	Tadjérite (41)	107	107	

NUMÉROS D'ORDRE.	DATE. ANNÉE.	DATE. JOUR ET MOIS.	LOCALITÉS DE CHUTE OU DE TROUVAILLE.	TYPE LITHOLOGIQUE des DIVERSES MÉTÉORITES.	POIDS. ÉCHANTILLON PRINCIPAL.	POIDS. TOTAL.	OBSERVATIONS DIVERSES.
					grammes.	grammes.	
320	1872	31 octobre	**Nenntmansdorf**, Saxe	Braunite (3)	9	9	
321	1873	Juin.	**Jhung**, Talware, Dhoin, Mahamud, Pundjab, Indes anglaises.	Montréjite (38 a)	102	102	
322	1873	23 septembre.	**Khairpur**, Bhawalpur, Multan, Rajpootanah, Indes	[illegible] (64)	[illegible]	[illegible]	
323	1873	26 septembre.	**Santa Barbara**, Mexique	Montréjite (38 a)	2	2	
324	1873	"	**Szyromolotowo**, Kechma, Angara, Sibérie orient.	Fers indéterminés	0,5	0,5	
325	1873	"	**Tirnowa**, Roumélie, Turquie	Mesminite (47)	130	130	Des confusions ont été faites avec la Météorite d'Alep.
326	1874	12 mai.	**Sevrukowo**, Bortschewski, Belgorod, Koursk, Russie.	Tadjérite (41)	310	365	
327	1874	14 mai.	**Castallia**, Nash County, Caroline du Nord, Ét.-Un.	Canellite (48)	21	23	
328	1874	20 mai.	**Virba**, Vidin, Turquie	Lucéite (37 b)	41	57	
329	1874	26 novembre.	**Kerilis**, Maël-Pestivien, Callac, Côtes-du-Nord.	Canellite (48)	4,100	4,480	Nous avons presque toute la chute.
330	1874	"	**Waconda**, Mitchell C°, Kansas, États-Unis	Lucéite (37 b)	120	145	
331	1874	"	**Butler**, Bates County, Missouri, États-Unis	Jewellite (11)	3,760	4,142	
332	1874	"	**Cachiuyal**, Atacama, Bolivie	Caillite (18)	325	355	Échantillon donné par Domeyko, à ne pas confondre avec d'autres fers de noms analogues.
333	1874	"	**Mejillones**, Atacama, Bolivie	Fers indéterminés	135	164	
334	1875	12 février.	**Iowa-Township**, Homestead, West-Liberty, Amana, Sherlock, Iowa-County, Iowa, États-Unis.	Limerickite (38 b)	4,650	7,468	Plusieurs gros échantillons donnés par M. G. Hinrichs.
335	1875	4 mars.	**Sitathali**, Narrah, Raepur, Rajpootanah, Indes	Montréjite (38 a)	46	48	
336	1875	31 mars.	**Szadany**, Temès, Hongrie	Montréjite (38 a)	12	12	
337	1875	16 août.	**Feid-Chair**, La Calle, Algérie	Canellite (48)	25	25	Météorite extrêmement rare.
338	1875	Septembre.	**Mornans**, Bourdeaux, Drôme	Aumalite (37 a)	40	40	
339	1876	16 février.	**Judesgherry**, Taluk, Tumkur, Mysore, Indes	Montréjite (38 a)	35	35	
340	1876	20 avril.	**Rowton**, Wellington, Shropshire, Angleterre	Braunite (3)	2	2	
341	1876	7 juin.	**Vavilovka**, Cherson, Russie	Mesminite (47)	8	8	
342	1876	28 juin.	**Stalldalen**, Nya, Koppeberget, Suède	Chantonnite (42)	1,198	1,198	
343	1876	21 décembre.	**Rochester**, Fulton, Country, Indiana, États-Unis.	Montréjite (38 a)	4	4	
344	1876	"	**Sainte-Catherine**, San Francisco do Sul, Minas Geraès, Brésil.	Catarinite (2)	5.105	55,194	C'est à tort qu'on a contesté l'origine météoritique de cette masse météorique.
345	1876	"	**Sacramento Mts**, Badger, Eddy C°, Nouveau Mexique, États-Unis.	Type non déterminé	1,626	1,626	
346	1877	1er janvier.	**Warrenton**, Missouri, États-Unis	Ornansite (53)	143	184	
347	1877	23 janvier.	**Cynthiana**, Robinson Station, Harrison County, Kentucky.	Parnallite (51)	703	703	
348	1877	17 mai.	**Hungen**, Hesse, Allemagne	Chantonnite (42)	2	2	
349	1877	5 juin.	**Ouodzé** (Yodze), Ponevicj, Kosno, Russie	Howardite (54)	0,4	0,4	
350	1877	19 novembre.	**Cronstadt**, River Orange, Afrique australe	Chantonnite (42)	11	11	

NUMÉROS D'ORDRE.	DATE. ANNÉE.	DATE. JOUR ET MOIS.	LOCALITÉS DE CHUTE OU DE TROUVAILLE.	TYPE LITHOLOGIQUE des DIVERSES MÉTÉORITES.	POIDS. ÉCHANTILLON PRINCIPAL.	POIDS. TOTAL.	OBSERVATIONS DIVERSES.
					grammes.	grammes.	
351	1877	19 novembre.	**Casey County**, Kentucky, États-Unis	Bendégite (6)	81	81	Don de Lawrence Smith.
352	1877	″	**Poplar-Camp**, Cranbury-Plains, Virginia, Ét.-Unis.	Lockportite (16)	16	16	
353	1877	″	**Dalton**, Whitfield C°, Géorgie, États-Unis	Caillite (18)	90	90	
354	1877	″	**Caracolès**, Imilac, Atacama	Atacamaite (29)	42	42	Échantillon donné par Domeyko, qui refusait de le confondre avec la Météorite d'*Imilac*.
355	1878	15 juillet.	**Tieschitz**, Prerau, Moravie	Tieschite (40)	34	34	
356	1878	5 septembre.	**Dandapur**, Gorruckpur, Indes	Lucéite (37 *b*)	295	295	
357	1878	8 novembre.	**Rakowka**, Toula, Russie	Aumalite (37 *a*)	103	103	
358	1878	″	**Janacera**, Jasquera, Atacama	Logronite (31)	2	2	
359	1878	″	**Bluff**, La Grange, Fayette-County, Texas, États-Unis.	Erxlébénite (34)	325	325	
360	1879	31 janvier.	**La Bécasse**, Dun-le-Poëlier, Indre, France	Lucéite (37 *b*)	2,580	2,580	Nous avons presque toute cette pierre dont la chute a donné lieu à un procès.
361	1879	10 mai.	**Estherville**, Emmet County, Iowa, États-Unis	Esthervillite (30)	50,000	50,485	L'un des fragments seulement du bloc qui a été partagé entre le Muséum, le Musée de Vienne et le British Museum.
362	1879	17 mai.	**Gnadenfrei**, Schobergrund, Silésie prussienne	Montréjite (38 *a*)	2	2	
363	1879	Septembre.	**Bramador**, Garganitello, Tulisca, Mexique	Montréjite (38 *a*)	10	12	
364	1879	″	**Lick Creek**, Davidson County, Caroline du Nord, États-Unis.	Braunite (3)	41	41	
365	1879	″	**Campo del Pucara**, Catamarca, Rioja, République Argentine.	Fers indéterminés	8	8	
366	1880	Février.	**Véramine**, Karand, Zérin, Théhéran, Perse	Logronite (31)	80	85	Notre plus gros spécimen est un don de M. le Dr Tholozan.
367	1880	30 juin.	**Nagaya**, Conception, Entre Rios, République Argentine.	Bokkewelite (62)	210	210	Don de feu M. Burmeister.
368	1880	″	**Eagle Station**, Carroll County, Kentucky, États-Unis.	Pallasite (26)	2,280	2,280	Structure des plus remarquables.
369	1880	″	**Lexington**, Caroline du Sud, États-Unis	Bendégite (6)	7	7	
370	1880	″	**Ivanpah**, San Bernadino, Californie	Fers indéterminés	2	2	
371	1880	″	**Colfax**, Rutherford C°, Caroline du Nord, Ét.-Unis.	Type non déterminé	22	22	
372	1881	14 mars.	**Middlesborough**, Penniman's siding, Yorkshire, Angleterre.	Aumalite (37 *a*)	1	1	
373	1881	18 juin.	**Pacula**, Jacala, Hidalgo, Mexique	Chantonnite (42)	64	64	Don de feu M. del Castillo.
374	1881	19 novembre.	**Grossliebenthal**, Odessa, Cherson, Russie	Lucéite (37 *b*)	67	68	Don de M. Prendel.
375	1882	3 février.	**Mocs**, Gyulatelke, Visa, Palatka, Klausenbourg, Kolos, Transylvanie.	Chantonnite (42)	620	3,369	Chute remarquable par son abondance.
376	1882	2 août.	**Pavlowka**, Karaï, Balachoff, Saratow, Russie	Howardite (54)	122	122	
377	1882	″	**Maverick**, Fort Duncan, Rio Grande, Texas, États-Unis.	Braunite (3)	610	610	
378	1882	″	**Hex River**, Cap de Bonne-Espérance	Braunite (3)	288	288	

NUMÉROS D'ORDRE.	DATE.		LOCALITÉS DE CHUTE OU DE TROUVAILLE.	TYPE LITHOLOGIQUE des DIVERSES MÉTÉORITES.	POIDS.		OBSERVATIONS DIVERSES.
	ANNÉE.	JOUR ET MOIS.			ÉCHANTILLON PRINCIPAL.	TOTAL.	
					grammes.	grammes.	
379	1883	28 janvier.	**Saint-Caprais-de-Quinsac**, Gironde, France	Limerickite (38 b)	140	140	Météorite des plus rares.
380	1883	16 février.	**Alfianello**, Brescia, Italie	Lucéite (37 b)	978	1,000	
381	1883	4 juin	**Urba**, Belgradjick, Turquie	Lucéite (37 b)	10	80	D'après le témoignage de M. Halid-Effendi-Bey, cette pierre ne doit pas être confondue avec celle de Virba (20 mai 1874).
382	1883	3 octobre.	**Ngawie**, Djogororo, Java	Canellite (48)	6,5	6,5	
383	1883	"	**Pseudo-Méjillones**, Atacama, Bolivie	Lerberite (11)	7	7	
384	1883	"	**Grand Rapid**, Walker-Township, Michigan, États-Unis.	Fers indéterminés	22	22	
385	1883	"	**Old Fork of Jenny's Creek**, Wayne County, Virginie.	Fers indéterminés	10	10	
386	1883	"	**Sao-Juliao-de-Moreira**, Portugal	Type non déterminé	420	424	
387	1883	"	**Alep**, Syrie, Asie Mineure	Lucéite (37 b)	28	28	Il faut être étranger à la lithologie des Météorites pour avoir essayé de confondre cette pierre avec celle de Tirnowa (Roumélie) 1873, qui est d'un type tout autre.
388	1883	"	**Adalia**, Konia, Asie Mineure	Eukrite (56)	3	3	
389	1884	19 février.	**Pirthalla**, Hissar, Pundjab, Indes anglaises	Canellite (48)	4	4	
390	1884	19 mars.	**Djati-Pengilon**, Alasinewa, Java	Erxlébénite (34)	486	486	Don du gouverneur général des Indes néerlandaises.
391	1884	20 mai.	**Midt Vaage**, Bergen, île de Tysnc, Norvège	Parnallite (51)	28	77	
392	1884	"	**Puquios**, Chili	Caillite (18)	48	48	
393	1884	"	**Glorietta Mountains**, Santa Fé, Nouveau-Mexique	Caillite (18)	9,900	10,870	
394	1884	"	**Ponkarring Rock**, Youndegin, York, Australie	Arvaïte (7)	343	406	
395	1884	"	**Kansada**, Kansas, États-Unis	Type à étudier	196	196	
396	1885	6 avril.	**Chandpur**, Mainpuri, Indes anglaises	Lucéite (37 b)	104	104	
397	1885	10 août.	**Grazac**, Montpélégry, Tarn	Appendice	12	21	Il y a quelques doutes sur l'authenticité de cette météorite.
398	1885	"	**Trinity County**, Californie	Chantonnite (42)	2	2	Donnée par M. Clarke en 1889.
399	1885	"	**Pawlodar**, Samischewa, Semipalatinsk, Irtysch, Sibérie.	Pallasite (26)	93	93	
400	1885	"	**Lucky-Hill**, Jamaïque	Fers indéterminés	1	1	
401	1886	27 janvier.	**Nammianthul**, Madras, Indes anglaises	Lucéite (37 b)	885	885	
402	1886	24 février.	**Assisi**, Torre, Perugia, Italie	Montréalite (38 a)	90	108	
403	1886	4 septembre.	**Nowo-Uréj**, Alatyr, Krasnoslobodsk, Penza, Russie.	Uréilite (59)	38	38	Cette pierre contient du diamant microscopique.
404	1886	10 novembre.	**Oyuchimura**, Maémé, Kitaisa, Satsuma, Japon	Aumalite (37 a)	37	37	
405	1886	"	**Thunda**, Windorah, Australie	Thundite (19)	223	223	
406	1886	"	**Laurens County**, Caroline du Sud, États-Unis	Carltonite (22)	38	38	
407	1886	"	**Cleveland**, Tennessee, États-Unis	Caillite (18)	11	11	
408	1886	"	**Brenham-Township**, Kiowa County, Kansas	Kiowite (27)	1,148	1,200	
409	1886	"	**Tonganoxie**, Leavenworth C°, Kansas, États-Unis.	Type non déterminé	20,05	20,05	
410	1887	1er janvier.	**Bielokrysnitchie**, Zasland, Volhynie, Russie	Tadjérite (41)	33	33	
411	1887	7 avril.	**Lalitpur**, Jharaota, Nyagong, Indes anglaises	Chantonnite (42)	22	22	

NUMÉROS D'ORDRE.	DATE.		LOCALITÉS DE CHUTE OU DE TROUVAILLE.	TYPE LITHOLOGIQUE des DIVERSES MÉTÉORITES.	POIDS.		OBSERVATIONS DIVERSES.
	ANNÉE.	JOUR ET MOIS.			ÉCHANTILLON PRINCIPAL.	TOTAL.	
					grammes.	grammes.	
412	1887	30 août.	**Taborg**, Ochansk, Kama, Perm, Russie	Canellite (48)	1,120	2,210	
413	1887	12 septembre.	**Phu-Hong**, Binh-Chauk, Cochinchine	Limerickite (38 b)	365	514	Météorite des plus rares.
414	1887	″	**Powder-Mill-Creek**, Rockwood Furnace, Crab-Orchard, Roane Cᵒ, Tenessee, États-Unis.	Logronite (31)	?	?	
415	1887	″	**Pipe Creek**, Bandera Cᵒ, Texas, États-Unis	Erxlébénite (34)	115	115	
416	1887	″	**San Pedro Springs**, San Antonio, Texas	Lucéite (37 b)	8	8	
417	1887	″	**Minas Geraës**, Brésil	Lucéite (37 b)	?	?	Don de M. O. Derby.
418	1887	″	**Waldron-Ridge**, Tazewell, Tennessee, États-Unis.	Arvaïte (7)	67	67	
419	1887	″	**Carlton**, Hamilton Cᵒ, Texas, États-Unis	Carltonite (22)	249	249	
420	1887	″	**San Emigdio Range**, San Bernadino Cᵒ, Californie.	Bélajite (44)	5	5	
421	1887	″	**Kendall**, San Antonio, Texas, États-Unis	Kendallite (23)	270	270	Structure bréchoïde très remarquable.
422	1887	″	**Chatooga**, Holland-Store, Whitfield Cᵒ, Géorgie, É.-U.	Fers indéterminés	30	30	
423	1888	″	**Haniét-el-Beguel**, Ghardaïa, M'Zab, Algérie	Caillite (18)	2,000	2,000	Cette masse est en entier au Muséum.
424	1888	″	**La Bella Roca**, Durango, Mexique	Rodite (14)	116	116	
425	1888	″	**Dona Inez**, Atacama, Chili	Inésite (32)	?	?	Tout le monde est d'accord pour regarder ces deux chutes comme distinctes.
426	1888	″	**Llano del Inca**, Chili	Inésite (32)	15	15	
427	1888	″	**Bisch-Tjube**, Nicolaew, Tourgaï, Russie	Bendegoite (6)	45	45	
428	1889	3 avril.	**Lundsaur**, Ostra-Lungby, Scanie, Suède	Aumalite (37 a)	104	104	
429	1889	9 juin.	**Mighei**, Olviopol, Elisawetgrad, Cherson, Russie	Bokkeveldite (62)	67	67	Paraît contenir un composé spécial.
430	1889	1ᵉʳ décembre.	**Jélica**, Cadak, Serbie	Banjite (49)	1,050	1,050	
431	1889	″	**Kenton**, Independance, Kentucky, États-Unis	Caillite (18)	567	567	
432	1889	″	**Hassi-Jekna**, Oued Meguiden, El-Goleu, Sahara algérien.	Iekkite (11)	1,250	1,250	Remarquable par sa forme en larme.
433	1890	3 mars.	**Collescipoli**, Antifona, Terni, Italie	Limerickite (38 b)	43	49	
434	1890	2 mai.	**Forest-City**, Winnebago Cᵒ, Iowa, États-Unis	Chantonnite (42)	38	117	
435	1890	6 juin.	**Nawapali**, Sambalpur, Indes	(?)	7	7	Don du Geological Museum de Calcutta.
436	1890	25 juin.	**Farmington**, Washington Cᵒ, Kansas, États-Unis.	Tadjérite (41)	?	?	
437	1891	9 avril.	**Indarkh**, Choupka, Elisabethpol, Transcaucasie	Stawropolite (43)	7	9	C'est par erreur qu'on a donné le 7 avril.
438	1891	10 avril.	**Misshoff**, Baldsohn, Courlande, Russie	Montréjite (38 a)	37	37	
439	1891	″	**Cañon-Diablo**, Arizona, États-Unis	Arvaïte (7)	6,245	7,932	Le diamant existe en poussière microscopique dans ce fer.
440	1891	″	**Long-Island**, Phillip Cᵒ, Kansas, États-Unis	Erxlébénite (34)	418	418	
441	1892	26 mai.	**Cross-Road**, Wilson-County, Caroline du Nord, États-Unis.	Chantonnite (42)	2	2	
442	1892	20 juillet.	**Guareña**, Badajos, Espagne	Erxlébénite (34)	1,4	1,4	
443	1892	29 août.	**Bath**, Aberdeen, Dacotah	Limerickite (38 b)	47	47	
444	1892	″	**Augustinowka**, Ekaterinoslaw, Russie	Caillite (18)	43	43	Ne doit pas être confondu avec le fer de Werchnedjeprowsk (1869).

NUMÉROS D'ORDRE.	DATE.		LOCALITÉS DE CHUTE OU DE TROUVAILLE.	TYPE LITHOLOGIQUE des DIVERSES MÉTÉORITES.	POIDS.		OBSERVATIONS DIVERSES.
	ANNÉE.	JOUR ET MOIS.			ÉCHANTILLON PRINCIPAL.	TOTAL.	
					grammes.	grammes.	
445	1892	29 août.	**Roebourne**, Australie	Type non déterminé	47	47	
446	1893	13 février.	**Pricetown**, Highland C°, Ohio, États-Unis	Lucéite (37 b)	53	53	
447	1893	26 mai	**Beaver-Creek**, West-Kootenai, Colombie anglaise.	Sigénite (35)	264	270	
448	1893	10 septembre.	**Zabrodjé**, Wilna, Russie	Lucéite (37 b)	5	5	
449	1893	"	**Decatur**, Prairie Dog Creek, Kansas, États-Unis	Montréjite (38 a)	9	15	
450	1894	27 mars.	**Marengo**, Iowa, États-Unis	Orgueillite (61)	3	3	Le phénomène de la chute a été remarquable.
451	1894	9 avril.	**Fisher**, Polk County, Minnesota, États-Unis	Aumalite (37 a)	172	172	
452	1894	9 mai.	**Bori**, Badnur, Betul, Indes anglaises	Aumalite (37 a)	642	701	Don du Geological Museum de Calcutta.
453	1894	"	**Arlington**, Sibley C°, Minnesota, États-Unis	Type non déterminé	16	16	
454	1895	26 avril.	**Bishunpur**, Mirzapur, Indes anglaises	Parnallite (51)	54	54	
455	1895	27 mai.	**Ambapur-Sikandra**, Rao-Jalisil, Aligarh, Indes anglaises.	Sigénite (35)	217	294	Don de M. Mac Pherson.
456	1895	"	**Nocoléche**, Nouvelle-Galles du Sud, Australie	Type non déterminé	7	7	
457	1895	"	**Thurlow**, Ontario, Canada	Type non déterminé	2	2	
458	1896	10 février.	**Madrid**, Vallecas, Guadalajara, Espagne	Chantonnite (42)	3	3	
459	1896	"	**Ballinoo**, Murchison River, Australie	Caillite (18)	599	599	
460	1896	"	**Mungundi**, Queensland, Australie	Fers indéterminés	419	419	
461	1897	13 avril.	**Lewes**, Namur, Belgique	Lucéite (37 b)	11	11	
462	1897	"	**Beaconsfield**, Kirchspiel, Berwick, Mornington County, Victoria, Australie.	Arvaïte (7)	681	681	
463	1897	20 juin.	**Lançon**, Bouches-du-Rhône	Chantonnite (42)	707	707	
464	1897	1er août.	**Zavid**, Bosnie	Lucéite (37 b)	179	179	
465	1897	"	**San Angelo**, Texas	Type non déterminé	436	436	
466	1897	"	**Rosario**, Honduras, Amérique centrale	Type non déterminé	1	16	

TABLE ALPHABÉTIQUE.

A

B

C

D

E

F

G

H

I

J

K

L

M

N

O

P

Q

R

S

T

X

Y

Z

www.ingramcontent.com/pod-product-compliance
Ingram Content Group UK Ltd.
Pitfield, Milton Keynes, MK11 3LW, UK
UKHW020326250726
13967UKWH00004B/1875